玩之乐　探之究

幼儿园科学探究活动精选

东南大学幼儿园　编著

东南大学出版社
SOUTHEAST UNIVERSITY PRESS
·南京·

图书在版编目（CIP）数据

玩之乐　探之究 / 东南大学幼儿园编著 . — 南京:
东南大学出版社，2018.9
ISBN　978 - 7 - 5641 - 7726 - 3

Ⅰ.①玩…　Ⅱ.①东…　Ⅲ.①幼儿园—教学活动—研究　Ⅳ.① G612

中国版本图书馆 CIP 数据核字（2018）第 083017 号

玩之乐　探之究
——幼儿园科学探究活动精选

编　　著	东南大学幼儿园
插画作者	刘家乐　李宜锦等
出版发行	东南大学出版社
地　　址	南京市四牌楼 2 号　邮编：210096
出 版 人	江建中
责任编辑	唐　允
经　　销	全国各地新华书店
印　　刷	南京新世纪联盟印务有限公司
开　　本	787mm×1092mm　1/16
印　　张	17.75
字　　数	426 千字
版　　次	2018 年 9 月第 1 版
印　　次	2018 年 9 月第 1 次印刷
书　　号	ISBN　978 - 7 - 5641 - 7726 - 3
定　　价	98.00 元

本社图书若有印装质量问题，请直接与营销部联系。电话（传真）：025-83791830。

编 委 会

主　　编： 陈育勤

副主编： 吴　岚　赵晓丽

编写人员：（以姓氏笔画为序）

陈育勤　胡　敏　李　萍　刘　田　钱　莉

沈洪洁　王　玲　吴　岚　赵晓丽　周　悦

玩之乐　探之究
——幼儿园科学探究活动精选

序

作为位于东南大学校园内的一所附属幼儿园，自然与东南大学的百年名校发展有着丝丝关联，必然积淀校史之精华，吸纳校园之精粹，浸润大学之精神。“止于至善”的校训是东南大学精神之所在，“既反映大学的办学特色，又体现大学的历史底蕴，更蕴含大学的价值理想，还昭示大学的凝聚能力，也彰明师生的精神风貌。”而东南大学幼儿园也正是在这样的培养良好的科学精神、技术理性、道德情操的文化氛围中，在校园社区的地理环境中开启了幼儿园的科学教育实践之路，校训精神也自然融入幼儿园的文化建设。“玩之乐　探之究”是幼儿园在课程建设发展之路上逐步形成的鲜明特色，三十年走来，坚定而坚实。

东南大学幼儿园实践研究的道路上有着多种优质资源的引领与同行。优秀的大学文化传统也成为东南大学幼儿园团队发展的崇高愿景。“遵守规则又敢于创新”成为其科学教育实践中的显著特色。跟随东南大学学习科学研究中心带领的“做中学”科学教育实验项目无疑是一次提升，“做中学”项目在注重科学知识、科学研究与科学方法的同时，注重在人与人、人与社会、人与自然、人与自身的相互关系中体会高尚的态度、道德与素养，保护儿童早期的科学好奇心，成就他们终身学习的兴趣和创新能力，也为幼儿园建立园本的幼儿科学教育打下了扎实的思想基础与方法基础。

沿着东南大学幼儿园科学教育的研究与实践之路，可以发现三十年来幼儿园课程教育改革的发展影像。纵观世界范围内的如皮亚杰、杜威、陈鹤琴等心理学家、教育学家与社会学家的理论观点，虽然有所差异但是均强调社会经验以及与周围环境的互动在儿童发展中所起到的重要作用。如同建构主义理论所认为的，“儿童通过自身经验以及与周边世界的互动来建构知识，儿童在探究活动中获得自己对外界的认知，这种认知成为每一个儿童不断成长的知识的基础”。“做中学”项目的核心是“基于动手探究的科学教育”，旨在提高幼儿园科学教育水平，培育儿童科学的思维方式和生活方式，进行基于动手做的探究式科学学习和科学教育，强调儿童早期的科学学习与研究的重要特点。至此，教师的角色是支持儿童的发展，帮助儿童探究发现，并找到自己在生活环境中的价值，这成为东南大学幼儿园教师对教育工作本质的基本认同。正值《3~6岁儿童学习与发展指南》颁布之际，东南大学幼儿园的教育管理与课程建设有了更加明确的方向，坚持原有的科学教育领域为课程建设核心，坚定面向每一个儿童的科学探究实践，尊重儿童之间发展的差异性以及支持策略的对应性。由此，东南大学幼儿园成功申请了江苏省教育规划重点课题“基于幼儿个体差异的‘做中学’活动支持策略研究”。该课题的主要研究目标有三：一是在“十一五”规划课题研究的基础上，对“做中学”活动中幼儿表现出的差异性行为进行观察和分析，探索幼儿在参与活动的态度、解决问题的能力、倾听与表达等方面的差异，教师应采取的适宜的支持性策略，以更好地优化幼儿学习品质，真正促进幼儿在各自原有水平上的发展。二是通过课题研究，进一步提升教师在“做中学”活动中关注每个幼儿及因人施教的能力，促进教师对幼儿行为的观察、分析和理解，使教师进一步树立正确的儿童观、教学观。这有助于充分发挥幼儿在“做中学”活动中的自主探究能力，体现出“做中学”教育的精髓。三是进一步丰富幼儿园“做中学”活动的研究，使幼儿园的科学教育特色更加鲜明。课题研究与课程建设有机呼应且相互支撑，使得日常教育教学工作中，研究成为工作常态，也成了教师们的自觉行为。

本书的主要内容分为三个部分：以呈现幼儿园集体科学探究活动的多种形式与多种主题为主体结构；以小组探究形式作为幼儿个体需求的探究路径；以探究活动中生成的课程故事、教育故事、幼儿故事作为各类探究活动中丰富的教育场景。全书结构上有三方面特色：其一，研究幼儿科学探究活动的基本环节在每一个探究活动中，基本遵循问题导入、初步探究、交流沟通、再次探究与经验分享五个环节。这五个环节是首尾相接，循环往复的，提供幼儿探究活动的基本过程，它们并非一成不变，恰恰相反可以有着环节上的顺序调整，也可以放大或是省略某一个环节。两次探究活动的设计，使幼儿在第一次探究的基础上产生了新的探究欲望，通过这两个环节中提供材料的数量、方式等的不同，帮助幼儿发现，判断事物不能仅以一个标准来考虑，而应该多角度地去思考。也只有这样才能引导幼儿养成尊重事实、坚持实证，逐步走向事实真相的一种科学态度。其二，研究探究活动生成的整体过程，这种过程源于儿童的生活环境与生活经验，最终又回归于儿童的生活之中。资源与材料是为幼儿和教师提供探究活动所必需的活动支持资料。调查与记录是探究技术与方法的重点体现，也是为幼儿参与探究、深入探究和自主探究的途径提供支持。科学区域的拓展，其他领域的拓展，以及在家庭与社区环境中的延伸活动成为必不可少的基本过程。其三，集体与小组探究活动的多种生活与环境的主题选择。以“萝卜”主题为例，我们的家乡南京对萝卜有着特殊的文化情结。常见的品种有红萝卜和白萝卜。萝卜的皮色和肉色有红、白、绿等色。选择的依据是萝卜作为一种菜肴、一种植物，种类繁多，在外形与颜色上有较大的差异，是小班幼儿生活中较为常见和熟悉的，适宜作为小班主题，在多种观察活动中帮助幼儿获得观察的经验，提升观察的能力。其中有一个细节：建议先切开白萝卜和红萝卜，最后切开绿萝卜。因为绿萝卜的肉和前者不同，是红色的且带有一些花纹。这样的顺序安排，可以很好地激发幼儿继续参与活动的兴趣。再以“水”主题为例，分为系列探究子主题，“好玩的水”重在让幼儿在操作过程中初步感受、了解水的特征，用图画的方式记录有趣的发现，并向老师和同伴分享玩水的发现和感受，在游戏中体验与同伴合作玩水的乐趣；“哪杯是水”让幼儿在寻找自来水的游戏中充分地感受水无色、无味、透明的特性；“用什么工具运水”关注幼儿积极选用合适的工具运水，比较工具的不同特点；“运一杯水”观察水在水管中流动的现象，知道水流动的方向是从高处流向低处；“冰块进杯”通过活动感受冰块特性，大胆尝试独立思考解决问题的方法，动手操作，体验游戏的乐趣。

呼应幼儿我们需要做什么？“玩之乐　探之究”实践中生成的儿童观与课程观是全体老师在科学探究活动过程中最大的收获。她们开始自觉遵循“尊重幼儿发展的个体差异，理解幼儿的学习方式和特点”这一《3~6岁儿童学习与发展指南》中的原则。思考“怎样才能关注到幼儿的个体差异，根据幼儿的差异给予有效的支持，以促进幼儿不同程度地获得最大限度的提高？”他们认识到“一滴水就是一片海洋，一个孩子就是一个世界。他们有的活泼，有的内向；有的擅长表达，有的擅长绘画；有的各方面发展比较均衡，每个孩子都有自己独特的个性发展水平”。在“做中学”科学活动中， 幼儿都有自己的感受、体验和发现，但每个幼儿表达的愿望和潜力却是不同的。老师们自己体会到对自然的体验与感受总是能够激发幼儿的学习、想象与灵感。同样这也激发出老师们自身的实践与反思灵感。

作为东南大学幼儿园多年的同行者与合作者，很是欣赏东南大学幼儿园的孩子们在科学探究活动中精彩纷呈的想法与做法，很是欣喜与老师们共同探讨科学活动基本环节过程中的个体反思与集体智慧，很是欣慰陈园长、吴园长所带领的这支队伍在大学校园楼舍环境里的不断成长与发展。两位园长自己的实际操作与参与，课题组老师们的朴实坚持与协作探讨，东大校区与家庭的支持与协助均是本书之外的重要呈现。幼儿园的实践改革之路是漫长而艰难的，只要坚定与坚持，一步一步前行，终将会达到目标。东南大学幼儿园坚守服务大学校园社区与家庭的管理思想；坚定支持每一个儿童个性成长的教育信念；坚持长期科学教育研究与实践的不断探索，必然成为“做中学，做中成长”特色的南京幼教新锐。由此：完善自我，关爱他者，追求至善，保持卓越，享受“玩之乐　探之究”也是笔者与东大教师团队共同追求的美好愿景之体现。

尹坚勤　江苏第二师范学院学前教育学院院长 教授

目　录

一　集体探究活动

大班活动

二 小组探究活动

小班活动

中班活动

大班活动

三 探究故事

一、集体探究活动

集体探究活动中的教师支持策略

活动环节	教师支持策略
问题导入	1. 借助谜语、魔术等有趣的情境，激发幼儿探究的兴趣 2. 鼓励幼儿充分表达自己对问题的推测，接纳每位幼儿的想法 3. 围绕核心问题聚焦探究任务
初步探究	1. 观察幼儿参与活动的情况，将游离的幼儿带入到活动中 2. 鼓励幼儿运用已有经验，大胆地探究并尝试解决问题 3. 关注幼儿探究的方法及出现的问题，为交流环节收集素材 4. 把握探究的时间与节奏，让幼儿有所发现与思考
交流沟通	1. 呈现幼儿探究中遇到的问题及发现，引发同伴间的交流、讨论与质疑 2. 为幼儿提供表达的时间与空间，鼓励幼儿大胆表达 3. 对幼儿的回答不过早地做出评价，为他们创设宽松自由的交流环境 4. 在幼儿讨论的基础上，师幼共同归纳解决问题的方法与途径
再次探究	1. 重点关注探究有困难的幼儿，引导其运用讨论中获得的方法再次探究 2. 鼓励探究成功的幼儿，尝试运用多种方法解决问题 3. 鼓励能力强的幼儿，对操作过程中出现的新问题发起新的探究 4. 注意收集幼儿在解决问题时遇到的新问题和新策略 5. 给幼儿提供充足的时间进行探究
经验分享	1. 引导幼儿交流探究过程中遇到的新问题、新方法与新发现 2. 引导幼儿梳理零散的经验并进行归纳与总结 3. 相互交流中生成新的探究起点
关于记录	1. 记录包括集体记录和个体记录，教师根据活动的需要进行选择与设计 2. 记录的内容包括设想以及探究中的发现、结果等，教师应围绕核心问题选择记录内容 3. 记录的方式包括拼图式、勾画式、绘画式、实物分类式、图表、曲线图等，教师应根据幼儿的能力水平选择适宜的方式

基于幼儿个体差异的教师支持策略

内容	幼儿类型	教师支持策略
参与活动态度	缺乏兴趣 被动参与	1. 创设有趣的游戏情境 2. 借助个别交流、积极鼓励将幼儿带入到活动中 3. 选择契合幼儿理解能力的问题，引发思考 4. 与积极主动的同伴结对，调动其参与活动的兴趣
	愿意参与 注意力易 转移	1. 借助肢体动作（手势、眼神、表情）和鼓励性语言进行提示 2. 安排靠近教师的座位，缩小师幼间的距离 3. 与自控能力强的幼儿结伴，给予正面的影响 4. 借助提问维持幼儿的注意 5. 教师语言简洁明了、富有感染力，引起幼儿的注意 6. 运用多媒体手段将活动内容和要求具体形象化，引发幼儿的关注 7. 自由操作活动中加强对幼儿的关注和引导
	有兴趣 积极参与	1. 对幼儿的主动行为及时肯定 2. 根据幼儿的能力，提出更具挑战性的要求，激发幼儿探究的兴趣 3. 提供合作机会，发挥幼儿自身优势
交流表达能力	能力弱 不表达	1. 宽容地对待幼儿表达时的迟疑、吞吐和错误 2. 肯定幼儿的点滴进步，使其建立表达的信心 3. 借助眼神、表情、手势及激励性语言，鼓励幼儿大胆表达 4. 为幼儿设计契合其能力的问题，降低回答的难度 5. 在倾听同伴发言后再邀请其回答，使幼儿有充分的时间理解、思考与借鉴 6. 放慢语速与幼儿交流，借助具体的解析以降低理解的难度 7. 在自由操作活动中加强个别指导，帮助幼儿理顺思路，学习表达的方法
	有能力 不表达	1. 创设有趣的游戏情境，激发幼儿表达的愿望 2. 设计开放性的问题，拓展表达的空间 3. 提供记录的机会，丰富表达的方式 4. 借助眼神、表情、手势及激励性语言，鼓励幼儿表达 5. 增加同伴间的交流，丰富表达的途径 6. 在自由操作活动中，提示幼儿做好发言的准备，以缓解表达的畏难情绪 7. 对幼儿的发言给予积极的肯定，增加表达的自信

<table>
<tr><td rowspan="1">交流表达能力</td><td>能力强
想表达</td><td>1. 选择有挑战性的问题给予表达
2. 在同伴无法回答或需要总结与提升时请他回答
3. 及时肯定精彩的表达，并提出更高的要求
4. 鼓励其与不善表达的同伴结伴交流，带动同伴大胆表达
5. 引导幼儿在耐心地倾听完同伴的发言后，再发表自己的观点</td></tr>
<tr><td rowspan="3">解决问题能力</td><td>能力弱
遇问题
难解决</td><td>1. 依据幼儿的能力降低任务的难度，提供获得成功的机会
2. 放慢语速与幼儿交流，借助具体的问题来帮助幼儿理解活动内容
3. 通过简洁清晰的语言、具体形象的演示，帮助幼儿理解操作要求
4. 给予幼儿充足的探究时间，支持他们完成探索活动
5. 提供与能力强的幼儿合作的机会，在同伴的影响下模仿学习
6. 提供难易不同、富有层次的操作材料，满足不同能力幼儿的需要
7. 及时鼓励、肯定幼儿的点滴进步，不断树立他们的自信</td></tr>
<tr><td>缺自信
遇问题
易放弃</td><td>1. 及时肯定幼儿自己的想法与操作，树立其自信
2. 多用激励性语言鼓励幼儿坚持自己的想法
3. 合作环节中，让性格、能力相仿的幼儿结伴，促使他们主动思考
4. 遇到困难时，运用提问、追问的方式引导幼儿自主思考
5. 由易到难、循序渐进地提出问题，树立解决问题的信心
6. 宽容地接纳幼儿“错误”的想法，引导幼儿调整思路解决问题</td></tr>
<tr><td>能力强
遇问题
会解决</td><td>1. 针对探究中出现的问题，借助提问引发反思，鼓励其自我修正
2. 在学有余力的情况下，提出更具挑战性的任务，促使幼儿深入地思考
3. 创设机会让其成为同伴的引路人，发挥他们自身的优势
4. 观察幼儿看似跑题的行为，倾听他们的想法，鼓励有价值的探究
5. 幼儿探索成功时及时给予肯定</td></tr>
</table>

会变的颜色

★概念与背景

色彩三原色由红、黄、蓝三种基本颜色构成。以不同比例将原色混合，可以产生出新的颜色。

小班幼儿好奇心强，喜欢反复摆弄物品，并对艳丽的色彩感兴趣。根据幼儿的这一特点，我们围绕颜色设计了这节活动，希望借助“颜色变魔术”的游戏帮助幼儿认识红、黄、蓝三种颜色，并在反复操作中发现两种颜色混合会变出新颜色的神奇现象，从而激发他们对科学活动的兴趣。

★目标与能力

1. 认识红、黄、蓝三种颜色，发现两种颜色混合会产生其他颜色。
2. 能按照颜色标记进行归类。
3. 能大胆表达自己对颜色的认识。

★资源与材料

1. 经验准备：有打开、拧紧瓶盖的经验。
2. 物质材料：

教师用

◆ 装有半瓶自来水的小号矿泉水瓶 2 个，瓶盖里分别装有红、黄水粉颜料

◆ 红、黄、蓝颜色标记各1个（见图一）

◆ 3个透明大盒子（装颜料水用）、3个大篓子（装空瓶子用）

◆ 场景布置（见图二）

图一

图二

幼儿用

◆ 装有半瓶自来水的小号矿泉水瓶人手2个，瓶盖中藏有红、黄、蓝水粉颜料，一瓶放于椅子下面，一瓶放在前面桌上（见图三）。

◆ 透明水杯人手2个，勺子若干（见图四）

图三

图四

3. 参与人数：分组教学，18人以内。

★过程与活动

一、问题导入

1. 创设魔术情景，激发幼儿兴趣。

教师拿出矿泉水瓶神秘地问："瓶子里面有什么？它有颜色吗？这是一个魔术瓶，只要摇一摇就有神奇的事情发生。"

2. 教师由轻到重、由慢到快地上下晃动瓶子后，引导幼儿观察水的变化："咦？

发生了什么神奇的事情？水变成什么颜色了？”

3. 幼儿自由表达对颜色的认识。

教师采用先轻后重、先慢后快的操作策略，是为了吸引幼儿的注意力，激发好奇心，同时让幼儿关注到只有用力摇晃才能变出颜色。

二、初步探究

1. 幼儿尝试变出颜色水。

提出操作要求：“请小朋友在座位底下拿出瓶子摇一摇，看看会变出什么颜色的水。”

2. 操作过程中，教师鼓励幼儿用力上下摇晃瓶子，让水与颜料充分混合。

三、交流沟通

1. 提出问题：“水变颜色了吗？变成什么颜色？”

2. 鼓励幼儿与同伴相互交流自己的操作结果，说一说“我变出了 × 颜色”。

3. 进一步提出问题：“你们都变出什么颜色？你和哪个小朋友变出的颜色是一样的？还有谁变出的颜色和你不一样？他是什么颜色？”

在这个环节中，教师采用多种提问的方式是为了给予幼儿多次表达的机会，同时让幼儿充分认识红、黄、蓝三种颜色。

4. 揭秘水变色的原因。

“你们知道瓶子里的水为什么会变颜色吗？”教师拿出一个未变色的瓶子拧开瓶盖，引导幼儿观察瓶盖中的颜料：“原来秘密藏在这儿呢！”

揭秘的环节，是为了让幼儿知道：瓶盖上有什么颜色，瓶子里的水就会变成什么颜色，为下个环节“变出自己喜欢的颜色水”做好铺垫。

“瓶盖里的颜料是什么颜色？猜猜这瓶水会变出什么颜色？”幼儿猜测后教师进行验证。

四、再次探究

1. 变一瓶自己喜欢的颜色水。

“这里有很多瓶子和藏着各种颜色的瓶盖，请小朋友挑选一个自己最喜欢的颜色再去试一试，看看是不是瓶盖里藏着什么颜色的颜料，水就能变出什么颜色。记住，一定要把瓶盖拧拧紧。”幼儿操作。

2. 幼儿比较两瓶颜色水，再一次认识颜色。

“这次你变出了什么颜色水？和刚

再次操作既可以满足幼儿的好奇心，又可以为下一个环节准备足够的颜色水。

才那瓶水的颜色一样吗？告诉旁边的好朋友你变出了 × 颜色和 × 颜色。”

3. 按标记将颜色水进行分类。

◆ 出示颜色标记和透明盒子：“颜色水玩累了，想回家了。你们看看这是谁的家？”幼儿相互交流认识颜色标记。

◆ 幼儿按照颜色标记将相应的颜色水倒入透明的盒子中，并将空瓶子放在桌子下面的空篓子里。

◆ 观察分类结果。

师幼共同小结：“大家一起看看，这里都是哪种颜色的家？”

4. “变色”游戏。

教师出示勺子和杯子，介绍变色游戏的玩法：“拿一个空杯子，舀一勺喜欢的颜色水倒进杯子中，然后再选另一种颜色，舀一勺倒进去，看看杯子里的颜色会有什么变化。”

> Love 教师在介绍游戏规则时注意放慢语速，并要求幼儿重复游戏规则，这样才能确保变色游戏顺利进行。

5. 鼓励幼儿将不同的 2 种颜色进行混合，并观察混合后的颜色变化。

> 教师应鼓励幼儿进行多次操作，帮助他们在反复操作中发现两种颜色混合可以变出不同的颜色。

五、经验分享

1. 观察变出的各种颜色。

◆ 展示混合后的颜色，引导幼儿观察：“小朋友们变出这么多颜色，你们认识哪些颜色？这些水都是绿色，但是它们一样吗？

◆ 寻找身边类似的颜色。

教师拿出一杯色彩鲜艳的水：“这是什么颜色？教室里或者我们身上有没有和它很像的颜色呢？你们还见过什么东西的颜色和它很像呢？”

2. 师幼共同小结：两种颜色混合后，就会变出另外一种颜色！

★拓展与延伸

1. 科学区域的拓展

用 3 个同样大小的罐子，分别装上 3 种颜色水：红、黄、蓝。每 2 个罐子之间用餐巾纸连接，看看 3 种颜色混合在一起会变成什么颜色。

2. 相关领域的拓展

语言区里提供绘本《小蓝和小黄》和透明彩色片，幼儿边操作边讲故事，感受色彩的变化。

3. 家庭与园外活动

在日常生活中让幼儿接触更多的颜色，比如画画时、玩油泥时，让他们试着将更多的颜色两两放在一起，看看会有哪些有趣的变化。

（王 玲）

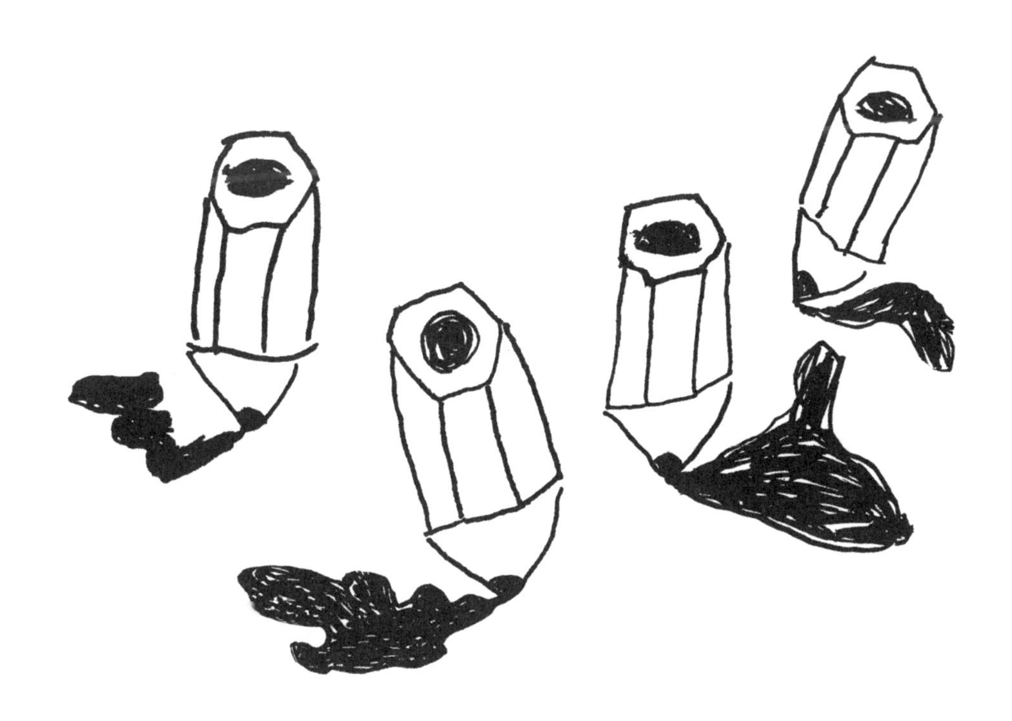

小班活动 2

各种各样的萝卜

★概念与背景

萝卜，常见的品种有红萝卜和白萝卜。萝卜的外皮和肉有红色、白色或绿色等。我们食用的部分是根部。萝卜是我国主要蔬菜之一。

萝卜作为一种菜肴、一种植物，是小班幼儿生活中较为熟悉的。由于它的种类繁多，在外形与颜色上有较大的差异，适宜在小班开展观察活动，以帮助幼儿积累观察经验，提升观察能力。

★目标与能力

1. 观察常见的几种萝卜，了解萝卜的主要特征。
2. 尝试运用不同的感官进行观察。
3. 喜欢吃萝卜，知道多吃萝卜身体好。

★资源与材料

1. 经验准备：幼儿品尝过萝卜制作的菜肴。班级环境中，提供不同品种的萝卜实物或图片。

2. 物质材料：

教师用

◆ 红萝卜、绿萝卜、白圆萝卜等各 1 个

◆ 摸袋 1 个、盘子 1 个、水果刀 1 把

◆ 场景布置（见图一）

◆ 萝卜标记、颜色标记、集体记录单 1 份（见图二、图三）

◆ 实物投影仪 1 台

图一

图二

图三

幼儿用

◆ 带有少许叶子和根须的红萝卜、绿萝卜、白圆萝卜各若干，总数与幼儿人数相等，装有萝卜的摸袋人手 1 个，口扎紧。

◆ 大托盘、点心盘若干

◆ 牙签 1 盒

3. 参与人数：全班。

★过程与活动

一、问题导入

1. 创设“猜猜袋子里有什么”的问题情境，引发幼儿兴趣。

给每个幼儿一个装有萝卜的摸袋，引发幼儿思考："袋子里有什么？我们不打开袋子看，可以用什么办法知道袋子里面藏的是什么呢？"

摸袋的使用除了可以增加活动的神秘感，还有一个很大的作用就是屏蔽了视觉的认知，充分调动幼儿使用触觉对物体的外形、软硬等特征进行感知。

2. 幼儿相互交流自己的想法。

二、初步探究

1. 触摸感知萝卜的特征。

幼儿用手摸一摸，说出自己的发现与感受。"摸袋里藏的是什么？你们是怎么知道的？你们还摸到了什么？圆圆的身体上还有什么？长长的东西在哪里？这会是什么呢？"

当幼儿用手感知袋中物体特征时，教师需要不断地引导幼儿用语言描述自己的感受，猜测袋里装的是什么东西并鼓励他们说出自己的理由。在这个环节，教师不要轻易让幼儿打开袋子进行揭秘。

2. 揭秘袋子里的物体。

"刚才我们用小手摸到的这个东西是圆圆的、硬硬的，有个凸出来的地方，还有……，它到底是什么呢？"教师打开袋子，"看看是什么？你们猜对了吗？"

3. 幼儿验证自己的猜测是否正确。

"你们的袋子里藏的也是萝卜吗？请你打开来看一看。"幼儿打开袋子，拿出萝卜。

三、交流沟通

1. 观察交流萝卜的主要外形特征。

幼儿观察萝卜并相互交流。"袋子里是什么？刚才小手摸到的圆圆的、硬硬的是萝卜的哪里？小手摸到的凸出来的地方是萝卜的什么呀？还摸到的一个像棍子、像绳子……一样的东西在哪里？它是萝卜的什么？大家拿的萝卜是什么颜色的呢？"

2. 记录萝卜的基本特征。

◆ 在幼儿表达的基础上，教师一边总结萝卜的特征，一边进行集体记录。

"这个圆圆的、硬硬的是萝卜的身体；身体上面还有凸出来的绿绿的萝卜叶子；

身体下面这个细细长长还长着毛须的是萝卜的根。”伴随总结，教师将茎、叶、根三部分图片逐一出示，拼出一个完整的萝卜外形。

◆ “和旁边的小朋友相互看看，你们的萝卜一样吗？有什么不一样呢？”（颜色不同）教师出示白萝卜、红萝卜、绿萝卜的标记图片，记录萝卜的种类。

四、再次探究

1. 幼儿猜测萝卜内部是什么。

“萝卜的里面是什么样子的呢？它的里面会有什么呢？会是什么颜色的呢？”幼儿自由表达。

建议先切开白萝卜和红萝卜，最后切开绿萝卜。因为绿萝卜的肉和前者不同，是红色的且带有一些花纹。这样的顺序安排，可以很好地激发幼儿继续参与活动的兴趣。

2. 验证萝卜内部颜色。

教师在投影仪下，依次切开白萝卜、红萝卜和绿萝卜，引导幼儿观察萝卜的内部（见图四）。

图四

3. 集体记录，提供白色与红色的颜色标记，记录下白萝卜、红萝卜、绿萝卜的内部颜色。

4. 幼儿闻闻萝卜，用嗅觉感知萝卜的气味。（淡淡的萝卜味）

5. 幼儿品尝萝卜，用味觉感知萝卜的味道。（有的甜、有的辣）

五、经验分享

1. 提出问题：“小朋友，你们吃过萝卜吗？萝卜可以做成什么菜？”

2. 幼儿相互交流。

3. 师幼共同小结：今天我们摸摸、看看、闻闻、尝尝萝卜，发现它们有圆圆硬硬的身体，一头长叶子，另一头还有细细的根。萝卜表皮和肉的颜色不一样，红萝卜和白萝卜的肉是白色的，绿萝卜的肉是红色的，吃起来有点甜、有点辣。萝卜是很有营养的蔬菜，多吃萝卜对身体有好处噢！

★拓展与延伸

1. 科学区域的拓展

自然角里种植萝卜，让幼儿观察萝卜的生长，并做好集体观察记录；提供更多种类的萝卜供幼儿观察，如：胡萝卜、白萝卜、杨花萝卜等等。

2. 相关领域的拓展

在语言区，猜一猜有关萝卜的谜语，帮助幼儿进一步巩固对萝卜特征的了解；学习故事《拔萝卜》，也可以进行《拔萝卜》的故事表演。

3. 家庭与园外活动

家长可以带孩子一起去菜场或超市购买萝卜，让孩子了解更多的萝卜的品种；在家可以用各种萝卜做成食品让孩子品尝。

（钱 莉）

小班活动 3

各种各样的苹果

★概念与背景

苹果是最常见的水果。苹果，味甜，口感爽脆，而且含有丰富的营养。苹果通常为红色，也有黄色和绿色。

在幼儿的生活中，最常见的是外表颜色呈红黄色的苹果，但对于其他种类的苹果并不是十分熟悉。活动中，我们从幼儿熟知的苹果基本特征出发，以“请大象吃苹果”的游戏为线索，引导幼儿在游戏的过程中辨认不同品种的苹果，丰富对苹果多样性的认识。

★目标与能力

1. 认识苹果的外部特征，了解苹果的多样性。
2. 能够运用视觉、嗅觉、味觉等多种感官观察和认识苹果。
3. 活动中愿意表达自己对苹果的认识。

★资源与材料

1. 经验准备：幼儿在日常生活中接触过苹果。
2. 物质材料：

教师用

◆ 实物投影仪 1 台

◆ 大象图片、苹果标记图片（见图一）

◆ 盘子 4 个、水果刀 1 把

◆ 红、黄、绿以及红黄混合的 4 种颜色标记（见图二）

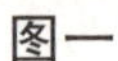

图一

图二

幼儿用

◆ 各种水果：梨子、橘子和不同颜色品种的苹果，每种各 6~8 个

◆ 4 种不同苹果的果肉（放在点心盘中）

3. 参与人数：全班。

★过程与活动

一、问题导入

1. 创设“请大象吃苹果”的游戏情景，引出活动。

出示大象图片：“今天来了一位小客人，是谁呀？”

2. 展示摆放在桌子上的各种水果（见图三）。“这是一只爱吃苹果的大象。这里有这么多水果，你们知道哪些是苹果吗？”

图三

教师借助可爱的“大象”，将活动的要求以大象的口吻提了出来，幼儿容易理解，也更愿意将自己的想法说给大象听。生动的教学情景，很好地激发了幼儿表达的愿望。

二、初步探究

1. 幼儿在水果中挑选苹果。

2. 在幼儿挑选苹果的过程中，教师注意观察幼儿操作过程中所遇到的困难。

三、交流沟通

1. “你们找到苹果了吗？举起来给大象看看，是苹果吗？”如果有幼儿拿错了，教师要鼓励幼儿重新去挑选一个苹果。

2. 认识苹果的特征。

“苹果是什么颜色？什么形状？苹果的身上有什么？”

“闻闻看！什么味道？”引导幼儿从形状、颜色、香味等特征对苹果进行细致观察。

3. 幼儿将苹果送给大象，边送边说：“大象，我请你吃苹果。”

四、再次探究

1. 在许多水果中，辨别不同种类的苹果（见图四）。

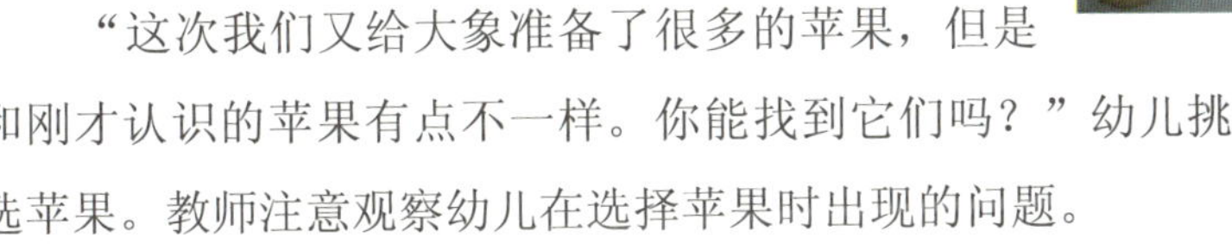

图四

“这次我们又给大象准备了很多的苹果，但是和刚才认识的苹果有点不一样。你能找到它们吗？”幼儿挑选苹果。教师注意观察幼儿在选择苹果时出现的问题。

2. 认识苹果的多样性。

◆ “你们拿的是苹果吗？它是什么样子的？和刚才我们看到的苹果一样吗？什么地方不一样？”

◆ 拿出红苹果请幼儿辨别：“它是苹果吗？你怎么知道它是苹果的？”注意引导幼儿根据苹果的基本特征对其进行辨别。（以同样的方法对黄苹果、绿苹果进行认识。）

◆ 幼儿可能会将黄苹果和黄梨子混淆，引导幼儿仔细观察这两个水果，辨别梨子和苹果的不同之处。在两者的比较中，突出苹果的基本特征。

Love

黄色的苹果容易和黄色的梨子混淆。此时，教师就要抓住它们在外形、花纹甚至是果皮触感上的差别，引导幼儿明晰苹果的主要特征，了解苹果的多样性。

3. 尝试按照颜色标记将苹果进行简单的分类。

教师出示带有颜色标记的空盘子："我们要将这些苹果送给大象，你手中的苹果应该放到哪个盘子里面呢？"幼儿观察盘子上的颜色标记，按照标记分类摆放（见图五）。

图五

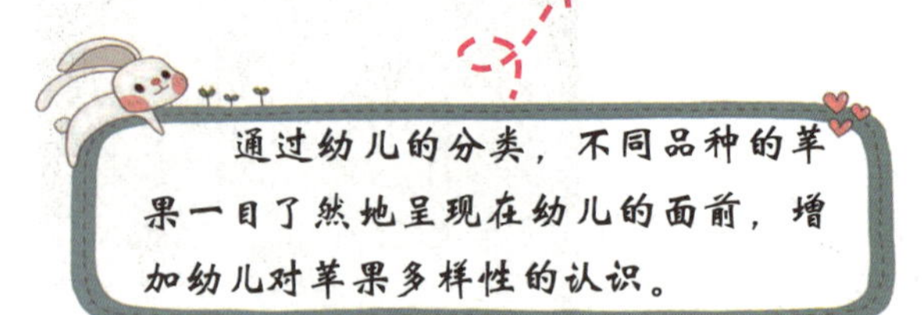

4. 小结苹果的基本特征："小朋友给大象找来这么多的苹果：有红苹果、黄苹果、绿苹果……个个都圆溜溜的，摸上去滑滑的，上面都有一个小把子，下面都有一个凹进去的地方，闻起来香喷喷的。大象真开心！"

5. 认识苹果的内部特征。

将四种颜色的苹果切开来，幼儿观察苹果的内部结构和果肉的颜色。"苹果里面有什么？""不同颜色的苹果，里面的肉又会是什么颜色的？"教师在实物投影仪下切开苹果，引导幼儿仔细观察。

五、经验分享

在这个活动中，有"挑选水果"的游戏任务，有安静观察苹果的环节，还有品尝苹果的美妙时刻，充分调动了幼儿看、闻、尝等多种感官来观察苹果的特征。

1. 品尝苹果，交流苹果的味道。

"大象谢谢小朋友给它找到了这么多的苹果。它邀请小朋友来品尝苹果，红苹果、黄苹果和绿苹果的味道会是一样的吗？"幼儿自由品尝，说一说苹果的味道。

2. 鼓励幼儿向大象表达自己的感受。

"和大象说说苹果是什么味道的？你喜欢吃哪种苹果？"鼓励幼儿说出自己爱吃的苹果。

★拓展与延伸

1. 科学区域的拓展

提供苹果的图片，切开苹果的图片供幼儿观察；提供黄苹果和黄梨子让幼儿进行比较。

2. 相关领域的拓展

益智区提供苹果拼图供幼儿摆拼；手工区提供油泥供幼儿制作苹果；生活区可让幼儿自制苹果沙拉。

3. 家庭与园外活动

家长带幼儿到超市去挑选和购买孩子爱吃的苹果；家长可以有意识地提供几种不同的苹果，引导幼儿观察切开后不同的果肉，品尝不同品种苹果的味道。

（赵晓丽）

小班活动 4

有趣的玩具汽车

★概念与背景

汽车是幼儿非常喜爱的一种玩具，尤其受到男孩子的青睐。让玩具汽车动起来的方式也是多种多样的，有回力、遥控、拖拉等。要想把每种汽车都玩得好，并不是一件简单的事，玩汽车的过程对于幼儿来说就是一个探究发现的过程。此节活动就是让幼儿在游戏中探索各种汽车的玩法，根据不同的玩法对汽车进行分类。

★目标与能力

1. 探索玩具汽车不同的玩法（回力、遥控、拖拉）。
2. 能根据不同玩法给玩具汽车进行分类。
3. 愿意与同伴分享玩具，感受大家一起玩玩具的快乐。

★资源与材料

1. 经验准备：幼儿有玩过玩具汽车的经验。
2. 物质材料：

教师用

◆ 玩法标记若干（见图一）

幼儿用

◆ 回力、遥控、拖拉汽车若干辆

◆ 分类停车场 3 个（见图二）

3. 参与人数：全班。

图一

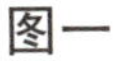

图二

★过程与活动

一、问题导入

1. 创设“汽车停车场”游戏情景，引发幼儿兴趣。

设置一个停车场，展示幼儿带来的各种玩具汽车，引起幼儿的兴趣：“停车场里停了很多汽车，大家看看有哪些汽车呀？”

2. 引出话题：“有什么办法能让玩具汽车跑起来呢？”

二、初步探究

1. 探索玩具汽车的不同玩法。

幼儿自由选择汽车，在空场地上开汽车。“试一试，你用什么办法能让小汽车开动起来？”游戏中，教师引导幼儿关注不同汽车的玩法。

在操作的过程中，教师需要留心幼儿选择汽车的种类，提醒幼儿去探究不同种类汽车的玩法。

2. 幼儿可以自由选择和更换玩具汽车，教师提醒幼儿玩过的小汽车要放回停车场。

三、交流沟通

1. 引导幼儿相互交流开汽车的方法：“你是怎样让汽车开起来的呢？”

交流和分享中，幼儿语言的表达可能不够清晰完整，但是教师可以鼓励幼儿借助示范的方法让大家明白操作的方法。

2. 用标记记录开动汽车的不同方法。

请幼儿在集体前示范不同的玩法，引导其他幼儿关注示范幼儿的手部动作，帮助幼儿表述开动小汽车的方法。每介绍一种方法，教师出示相应的标记进行记录。

根据玩具汽车的玩法进行分类比根据汽车外部特征分类要难一些。考虑到小班幼儿的理解水平，教师在活动中选用了直观形象的图画标记来表示不同汽车的玩法，帮助幼儿理解标记表示的意思。

四、再次探究

1. 认识不同的停车场标记。

教师设置三个停车场，教师引导幼儿观察："这里有三个停车场，这三个停车场里应该停什么汽车呢？"引导幼儿观察不同标记，了解标记的含义。

幼儿在分类时需要先对玩具汽车的玩法进行确认，同时还要理解不同标记所表示的含义，最后才能根据玩法标记进行分类。

2. 幼儿自由玩车，并根据玩法把小汽车分别停放在不同的停车场内。

五、经验分享

1. 讨论汽车分类的结果。

"这里停的都是什么汽车？有没有停错的？"集体检查，对有争议的汽车可以请幼儿再次操作，根据玩法把汽车送回正确的停车场。

2. 请幼儿想想除了这几种玩法的小汽车还有什么其他玩法的小汽车？鼓励幼儿收集更多的汽车带到幼儿园里与同伴分享。

在低年龄阶段的科学活动中，科学经验要无形地渗透在各种游戏当中。活动设计时，教师要想办法让幼儿有目的地玩起来，在玩的过程中获得更多的科学体验。

★拓展与延伸

1. 科学区域的拓展

让幼儿有更多的机会去玩各种小汽车；在班级中开设玩具汽车维修站，收集一些废旧玩具汽车，提供一些盒子、瓶子以及玩具车的轮子、轴、拉绳等，教师和幼儿一起动手尝试进行玩具汽车的修补；还可以引导幼儿多角度地给玩具汽车进行分类。

2. 相关领域的拓展

在游戏中，幼儿可以建构停车场或搭建汽车。

3. 家庭与园外活动

尝试用多种方法给家里的玩具汽车进行分类。

（陈育勤）

小班活动 5

玉米粒与爆米花

★概念与背景

爆米花是玉米粒受热达到一定的热度压力膨胀后，瞬间爆开而形成的。

小班幼儿对爆米花并不陌生，但细致地观察爆米花、知道爆米花由何而来的并不多。为了帮助小班幼儿进一步学会用多种感官去探索事物，我们选择了爆米花作为观察对象，设计了此节活动。

★目标与能力

1. 观察了解玉米粒和爆米花的主要特征，知道爆米花是由玉米粒变化而来。
2. 尝试运用不同的感官进行观察。
3. 体验运用各种感官发现、探究物体的愉快。

★资源与材料

1. 经验准备：幼儿在生活中吃过爆米花。
2. 物质材料：

教师用

◆ 玉米粒和爆米花各 1 盘

◆ 微波爆米花 4 包

◆ 微波炉 1 台、勺子 1 把

◆ 场景布置（见图一）

◆ 实物投影仪 1 台

◆ 集体记录单 1 份，实物图片（爆米花和玉米粒），五官标记（眼、手、鼻、嘴、耳）（见图二）

图一

图二

幼儿用

◆ 人手 1 份放有若干颗玉米粒的小盘子，用于品尝、观察爆米花用的点心盘，盛有爆米花的杯子

◆ 每组 2 块盖布

◆ 擦手湿纸巾 1 包

3. 参与人数：全班。

★过程与活动

一、问题导入

1. 出示爆米花，“你们知道这是什么？爆米花是用什么做成的？”

2. 幼儿自由表达自己的猜想。

3. 出示玉米粒，告诉幼儿这就是可以变成爆米花的玉米粒。

二、初步探究

1. 运用多种感官观察玉米粒。

幼儿每人拿一个装有玉米粒的小盘子进行细致观察：“看一看玉米粒长什么样？是什么颜色？捏一捏有什么感

在用鼻子闻气味的时候，教师需要用正确的方法进行示范（用手扇动的方式闻气味）。

觉？闻一闻有什么味道？”

2. 幼儿自主观察时，教师鼓励他们大胆地描述自己的发现。

三、交流沟通

1. 运用视觉观察：“玉米粒是什么颜色的？你们是用什么看到的？”（眼睛看到的）幼儿交流后，教师将“眼睛”标记摆放在集体记录单中。

2. 运用触觉观察：“摸玉米粒的时候有什么感觉？再捏一捏，它是硬的还是软的？我们用什么摸出来玉米粒是硬硬的？”（小手摸到的）教师将“手”标记摆放在集体记录单中。

3. 运用嗅觉观察：“把玉米粒放在鼻子下面，用一只手作扇子扇一扇风，能闻到气味吗？我们是用什么闻到它的气味的？”（鼻子闻到的）教师将“鼻子”标记摆放在集体记录单中。

4. 运用听觉观察：“再试着，把玉米粒轻轻地丢在桌面上，会有声音吗？大家来学学玉米粒发出的声音！这个声音是用什么听到的呢？”（耳朵听到的）教师将“耳朵”标记摆放在集体记录单中。

面对个别幼儿细微的发现，教师应利用实物投影仪引导全体幼儿进行观察验证，帮助幼儿逐步养成仔细观察的好习惯。在交流的过程中，教师出示五官标记进行记录，是为了让幼儿了解感官的作用，也是提示幼儿观察物体可以运用这些感官。

四、再次探究

1. 提供一袋未开封的玉米粒。“玉米粒真的可以变成爆米花吗？我们今天来试一试，看看玉米粒是怎么变成爆米花的！这只纸袋里装满了玉米粒，等一会儿我们把它放进微波炉里，很快就会有神奇的变化啦！”

2. 启动微波炉，制作爆米花，感受玉米粒的变化过程。

◆ 在制作过程中，教师引导幼儿观察微波炉中的变化：“听到了什么声音？学学玉米粒在微波炉里发出的声音！嗅嗅小鼻子，有什么发现吗？”

◆ 比较制作完成的爆米花与原包装的区别。

教师拿出纸袋，“现在的袋子和放进微波炉之前的袋子有什么不同？袋子怎么了？为什么会鼓得这么大？”

Love

玉米粒变成爆米花需要等待3～5分钟，在这个时间段教师需要把握3个时机引导幼儿推测玉米粒在微波炉中的变化：听到爆炸的声音、看到纸袋的膨胀、闻到香喷喷的气味。教师应将幼儿的注意力始终集中在玉米粒变爆米花的过程上。

3. 幼儿观察爆米花。

老师打开口袋，将爆米花分发给幼儿。

观察和交流爆米花的主要特征：

◆ 爆米花是什么样的？什么颜色？

◆ 拿起爆米花，闻一闻，有气味吗？

◆ 用手轻轻摸一摸、捏一捏，它是光滑的吗？它是硬硬的，还是软软的？

◆ “放进嘴里尝一尝，什么味道？我们是用什么尝出它的味道的呢？”（嘴巴）教师将“嘴巴”标记摆放在集体记录单中。（见图三）

图三

◆ 仔细听一听，你在吃爆米花的时候有声音吗？这是什么声音？

玉米粒和爆米花在颜色、气味、味道、大小、形状、声音、手感等方面有着明显的区别。教师引导幼儿运用多种感官，通过看、听、闻、尝、摸的方式从不同的角度对玉米粒和爆米花进行观察，幼儿不仅学习了观察的方法，也提升了观察能力。

五、经验分享

1. 幼儿边品尝爆米花边相互交流自己的发现。

2. 师幼结合集体记录单共同总结玉米粒和爆米花的主要特征。

★拓展与延伸

1. 科学区域的拓展

提供玉米粒变成爆米花过程的视频，让幼儿仔细观察玉米粒变成爆米花的过程。

2. 相关领域的拓展

在健康领域活动里，和幼儿一起回顾五种感官各自的作用和保护方法，提醒幼儿注意观察活动中的一些安全事项。

3. 家庭与园外活动

观察一种食物，尝试用所有的感官描述它们做之前和做好后的特征，请爸爸妈妈帮忙写下来。

（钱　莉）

小班活动 6

春天里的小草

★概念与背景

小草是草本植物，它春天生长，冬天枯萎，生命力顽强，在自然环境中随处可见。

春天来了，幼儿园的草地渐渐泛起了绿色，孩子们喜欢在草地上走走跳跳，游戏、散步时也喜欢三五成群地摸摸小草、找找野花，表现出对草地的好奇与喜爱。这个时节也正是小班开展“我在春天里”主题活动的最佳时机，小草的变化是春天的主要特征之一。正是基于幼儿对大自然的真实情感和教学内容的需要，我们设计了这个活动。

★目标与能力

1. 观察小草，感知小草的主要特征。
2. 能根据实物标记图寻找小草，并尝试记录小草的外形特征。
3. 能大胆地用语言表达对小草的认识。

★资源与材料

1. 物质材料：

◆ 有供幼儿观察的自然草坪与绿化区域。

教师用

◆ 幼儿园户外场地地图 1 份（见图一）

幼儿用

◆ 幼儿记录单（见图二）

图一

图二

根据幼儿人数将户外场地地图分割成相应的数量，保证每位幼儿人手 1 份，每份记录单中应有明显的实物地标便于幼儿寻找；

◆ 笔袋（装有不同深浅的绿色和黄色油画棒）和记录夹，人手 1 份

2. 参与人数：全班。（也可根据幼儿园的场地大小减少参与的幼儿人数，分组进行。）

★过程与活动

一、问题导入

1. 以猜谜的情境引出活动。

教师带幼儿来到户外草地上坐下："请小朋友猜个谜语：没有花香，没有树高，长在泥土中，春天才发芽。你们知道这个谜语说的是什么？"

> 在真实而开放的自然场景中，幼儿可以近距离地接触小草，为他们细致地观察小草提供便利。同时，自由的观察环境也更加有利于幼儿主动地探究。

2. 幼儿猜测谜语并相互交流自己的想法。

"你们在幼儿园里发现小草了吗？它长在哪里？"幼儿自由表达。

二、初步探究

1. 观察身边的小草。

◆ 请小朋友看看你脚下的小草，它长在哪里，是什么样的？

◆ 叶子是什么颜色的？叶子的形状都一样吗？

◆ “摸上去什么感觉？”幼儿充分观察、触摸小草，知道小草长在泥土中，叶子有深绿、有淡绿，有的叶子是圆圆的，有的叶子是长长的，摸上去软软的。

充分的观察是幼儿如实记录的前提。观察中清晰地认识小草的颜色和形状，有助于幼儿下个环节进行绘画记录。

2. 认识场地地图。

出示幼儿园户外场地地图，引导幼儿观察：“这张图画了些什么？图中的这些物品在幼儿园的什么地方？这些地方有没有小草呢？”

3. 观察、理解幼儿记录单所对应的户外场地位置。

请每位幼儿拿出自己的记录单，和同伴说说：“你的记录单上画的是什么？它在操场的什么地方？”幼儿两人一组相互交流。

4. 幼儿寻找小草，并记录小草的颜色和生长的位置。

◆ 提出观察与记录要求：“请小朋友带着记录单找到图上所画的位置，然后找找那里有没有小草。如果发现有小草，要仔细看看小草长什么样子、是什么颜色的，然后在记录单相应的位置画上小草。”

◆ 幼儿按照记录单找到实际位置，并仔细观察小草的外形特征，鼓励幼儿如实地记录。

拼图式的记录单，不仅为每一位幼儿划分了观察的区域，也锻炼了幼儿看图辨别方位的能力，同时还增加了幼儿参与活动的积极性。活动中，教师应鼓励幼儿如实地进行记录（小草的位置与颜色），避免凭借主观印象随意记录。

三、交流沟通

1. 幼儿自由交流。

幼儿观察记录后回到座位上，教师鼓励幼儿与同伴交流：“看着记录单和好朋友说说，你在哪里找到了小草？小草是什么样子的？”

2. 请个别幼儿展示记录单并介绍自己在哪里发现了小草，小草是什么形状、什么颜色的。

在记录的过程中教师要注意观察，发现能如实记录小草形状或颜色的幼儿，在集体交流时给予展示与表达的机会，让所有的幼儿明白：记录就是看到什么就画成什么。

3. 教师重点引导幼儿观察同伴记录中小草的位

置、颜色与自己所观察到的是否相同。

四、再次探究

1. 幼儿两人结伴，再次观察。

Love❤

这个环节是幼儿相互交流与验证的过程。一方面幼儿可以再一次细致观察小草，在学习同伴记录的过程中，学会如实地表达与记录；另一方面还可以促进小班幼儿合作意识与表达能力的发展。在实际操作过程中，我们惊喜地发现，小班幼儿是完全可以合作的，只要教师给予他们适宜的合作任务。

“带好朋友去你记录单上画的位置，和他说一说你找到的小草是什么样子的？再请好朋友看一看你的记录与那里的小草一样吗？”（见图三）

图三

2. 幼儿对自己记录中不合适的地方进行修改或调整。

五、经验分享

1. 引导幼儿将记录单对应摆放在户外场地地图上。

“刚刚我们在幼儿园里找了那么多的小草，看看你的记录单在这张大图的什么位置？”幼儿观察自己的记录单，然后对应摆放在大图中，拼合成完整的地形图（见图四）。

图四

2. 观察完整户外场地地图，幼儿相互交流。“小朋友们是在哪些地方找到了小草？小草是什么样的？”

3. 师幼共同小结：春天里的幼儿园很美，许多地方都生长着绿色的小草。

★拓展与延伸

1. 科学区域的拓展

在自然角中种植不同品种的小草，引导幼儿进行观察比较，发现小草之间的异同。

2. 相关领域的拓展

在美工角提供各色油画棒，鼓励幼儿随时观察小草并进行记录；在语言区提供小草的相关图书供幼儿阅读，让其学习有关小草的诗歌、谜语和故事，获得有关小草的知识与经验。

3. 家庭与园外活动

家长利用外出郊游的时间，与幼儿一起观察小草、认识小草或种植小草。

（吴 岚）

小班活动 7

可爱的小白兔

★概念与背景

兔子是草食性哺乳动物。其头部稍微像鼠，耳朵根据品种不同有大有小，上唇中间分裂，是典型的三瓣嘴。兔尾短而向上翘，前肢比后肢短，善于跳跃，跑得很快。兔子性格温顺，惹人喜爱，是很受欢迎的动物。

春天来了，幼儿园的自然角里饲养了几只小白兔，它们立刻成为小朋友们的宠儿，每天有说不完的话题。为了让幼儿能够对自己感兴趣的事物进行仔细观察，了解小白兔的基本特征和生活习性，我们设计了这节活动。

★目标与能力

1. 观察小白兔，认识其主要特征。
2. 能选择适宜的图标记录小白兔的主要特征。
3. 能爱护小动物，大胆表达自己的发现。

★资源与材料

1. 物质材料：

教师用

◆ 集体记录单1份，兔子身体各部位图片、部分其他动物的身体部位图片（见图一）

◆ 黑板 1 块

◆ 户外场地布置（见图二）

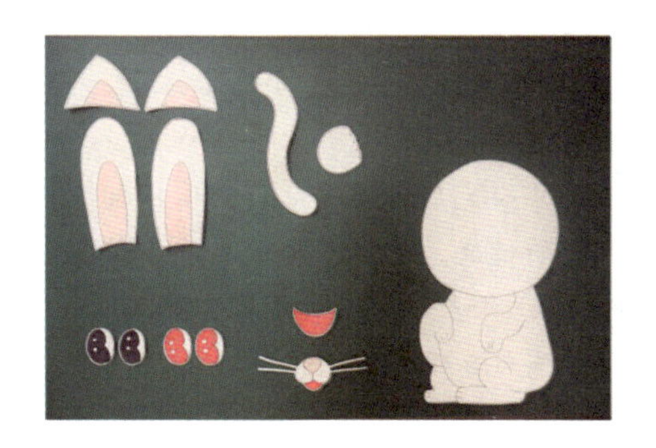

图一

图二

幼儿用

◆ 兔子 5 只、纸盒“兔子窝”5 个

◆ 盖布 5 块、塑料小方凳 15 个

◆ 兔子食物：菜叶子、胡萝卜若干

◆ 幼儿记录单、拼摆兔子的材料人手 1 份（见图三）

◆ 记录夹人手 1 个

2. 参与人数：分组教学，18 人以内。

图三

★过程与活动

一、问题导入

创设“小客人”的情境，激发幼儿观察的兴趣。“今天，我们请来了许多小客人，大家知道是谁吗？它们就在面前的盒子里藏着呢，打开看看是谁？和它们打个招呼吧！”

整个活动选择在户外开放的环境中进行，使得幼儿能和小兔子零距离的接触，显得轻松和自如，使教学成为一个愉快的游戏。

二、初步探究

1. 幼儿自由观察小白兔。

“你喜欢小白兔吗？告诉小白兔你喜欢它哪里？如果想摸摸它，一定要轻轻地，要爱护它哦！”

2. 在幼儿自由观察的过程中，鼓励幼儿把兔子的身体部位及特征大声地说出来：小白兔，我喜欢你的……

Love

当幼儿看见小白兔的时候，他们会情不自禁地表达对兔子的情感。此时，教师要给予幼儿自由表达的空间，满足他们自由表达的欲望，然后再将他们引入到有顺序的观察中。

三、交流沟通

有顺序地观察兔子的外形特征，幼儿边观察，教师边提出问题：

◆ 兔子的耳朵长什么样？长在哪里？

◆ 兔子的眼睛和我们的一样吗？是什么颜色？

◆ 兔子的嘴巴在哪里？嘴巴旁边还有什么？（胡须）

◆ 这些兔子都是什么颜色的？白白的是它们身上的什么？轻轻摸摸小兔子，它的毛摸上去是什么感觉？

◆ 兔子有尾巴吗？它的尾巴在哪里？你们能找到吗？它的尾巴什么样？

◆ 兔子的腿在哪里？它有几条腿？

在交流的过程中，幼儿不一定会完全按照教师提问的顺序回答问题，教师也可以顺应幼儿的回答来引导幼儿观察，但要保持一定的顺序，不能跳跃式无顺序地观察与交流。

四、再次探究

1. 通过喂食，仔细观察兔子的嘴巴。

出示食物：“你们知道小白兔爱吃什么吗？这里准备了一些小白兔爱吃的菜叶和萝卜，我们一起喂它吃东西吧！喂的时候，要仔细看看，它是怎么吃的，小嘴巴怎么动的，可以学一学！”幼儿一边喂小兔，一边仔细观察。

2. 发现兔子的鼻子。

“小白兔在吃东西的时候，嘴巴上面还有一个不停在动的是什么呀？（鼻子）原来，它的鼻子和嘴巴靠得很近。”

3. 观察兔子走路的动作。

从“兔子窝”里抱出兔子：“小白兔是怎么走路的呢？我们让小白兔出来散散步吧！跟着小白兔学一学它走路的样子！”（见图四）

4. 记录兔子的主要特征。

图四

记录环节是为了加深幼儿对兔子外形特征的认识。教师在材料提供上加入了干扰因素，如短耳朵、黑眼睛、月牙嘴和长尾巴，使得记录增加了挑战性与趣味性。

提供兔子主要特征的局部图片，幼儿边观察小白兔，边进行拼图记录。“这里有张小白兔的画像，看看，画完了吗？这上面画了它的什么？还少了什么？小白兔想请小朋友为它挑选合适的眼睛、耳朵、嘴巴和尾巴。看谁拼得最像！”幼儿一边观察小白兔，一边进行拼图记录。

五、经验分享

1. 展示记录中出现的问题。

教师用大拼图展示某个错误记录（如果没有，教师也可以自己演示一个错误的记录），引导幼儿观察：“这只拼好的小白兔和我们看到的小白兔一样吗？哪里不一样？”

2. 幼儿观察大拼图，交流自己对拼图的看法。教师邀请个别幼儿进行修改。

3. 幼儿与同伴相互检查自己的拼图，调整拼错的地方（见图五）。

图五

“看着自己的记录，和旁边的小朋友说一说今天我们观察到的小兔子是什么样子的。”

幼儿在拼图过程中会因为缺乏观察和比较出现错误，此时教师为了保护幼儿的自尊心，选择自己呈现易错的部分，让幼儿在共同纠错的过程中，明晰兔子的典型特征。

4. 师幼共同小结：小白兔有长长的耳朵，红红的眼睛，三瓣嘴上面还有一个小小的鼻子。它的尾巴短短的，有四条腿。身上的毛白白的、软软的，走起路来一蹦一跳的。真可爱！

★拓展与延伸

1. 科学区域的拓展

活动之后教师可以把兔子放在班级的自然角里，让幼儿在平日里继续观察兔子的特征及习性，进一步发现兔子的秘密，如兔子爱吃什么，兔子的粪便是什么样的，兔子怎样梳理自己身上的毛，兔子是怎样洗脸的……观察兔子的生长变化，等等。

2. 相关领域的拓展

在语言区提供有关兔子的图画书，帮助幼儿了解兔子的生活习性；在美工区提供油泥等操作材料，制作“小兔子”。

3. 家庭与园外活动

家长和孩子共同准备兔子爱吃的食物带到幼儿园，如与孩子一起在户外寻找兔子爱吃的蒲公英，一起去逛菜场或超市收集兔子爱吃的各种食物。

（钱 莉）

小班活动 8

飞出的纸片

★概念与背景

吹气或者吸气会产生风，风使物体发生移动。

“吹小猪”是小朋友最喜欢玩的游戏。随着玩的人越来越多，大家发现了一个奇怪的现象：有的时候“小猪”一吹就跑，有的时候费很大的劲吹“小猪”一动也不动，看着大家对吹气活动这么感兴趣，我们设计了这个活动。希望通过操作，让幼儿了解风可以使物体发生移动，帮助幼儿初步感知风向和物体移动的关系。

★目标与能力

1. 发现吹气的时候能产生风。
2. 探索吹出盘子里小纸片的方法。
3. 喜欢参与操作活动，能想办法解决问题。

★资源与材料

1. 物质材料：

教师用

◆ 吸管 1 根（直径为 1 厘米左右）、彩色纸片 1 盘（颜色、大小、形状、厚薄不同的打印纸、卡纸、棉纸、铝箔纸、蜡光纸做成的小纸片）（见图一）

幼儿用

◆ 气球、板羽球拍、小木棍、扇子等各 1 个（见图二）

图一

图二

◆ 吸管人手 1 根

◆ 纸片人手 1 盘

2. 参与人数：全班。

★过程与活动

一、问题导入

1. 出示气球，提出问题：“小朋友，你们有什么好办法让这只气球动起来吗？”

2. 幼儿相互交流想出的好办法。

“我们怎样做，气球才可以动起来？”教师鼓励幼儿用完整的语句进行表述，并请幼儿在集体面前演示、操作想出的好办法。

3. 再次提出问题：“刚才，我们在移动这只气球的时候碰到球了吗？如果我们不碰到这只球，有什么办法也能让它动起来呢？”幼儿想出一种方法，教师就请幼儿演示操作，并讨论：“他碰到气球了吗？他是用什么方法让气球动起来的？”

> 这个环节主要的目的是让幼儿理解什么是“动起来”，思考不接触物体也能让物体移动的方法。在讨论的过程中，幼儿往往会想到用扇子扇、用嘴巴吹，这时教师应抓住时机进行追问：为什么扇子扇、嘴巴吹气球，它就能动起来呢？启发幼儿想到是风的作用，为接下来的环节做铺垫。

二、初步探究

1. 用吸管吹气，感受风。

出示吸管："小朋友，你们认识这是什么吗？现在，我要用它来吹一吹，看看你们能有什么发现。"教师用吸管轻轻地往孩子们的脸上吹气，让幼儿感受到有风。

2. 幼儿每人一根吸管，请大家模仿喝饮料的吸气动作和吹气的动作，并用小手放在吸管的另一端，发现各有什么不同的感觉。

三、交流沟通

邀请个别幼儿上来展示吸和吹的动作，让幼儿相互交流在做这两个动作时，嘴巴有什么不同，放在吸管一端的小手会有什么不同的感觉。

四、再次探究

1. 提出问题："盘子里有许多彩色的小纸片，如果不用手拿，你有什么办法可以让纸片从盘子里跑出来呢？吸管可以帮助我们吗？怎么做呢？"

2. 幼儿操作，尝试用吸管移动大小不同的纸片。

在幼儿探索的过程中，由于吹气的方法和吹气的角度不对，使得有些纸片无法从盘子里跑出来，这时需要教师的鼓励与提示：你是怎么吹的？如果这样吹不行，试着换个位置吹吹看。

交流想法后自主探索，想办法用吸管把盘子里的纸片都吹出来。

五、经验分享

1. 交流操作中遇到的困难。

"你们用吸管把盘子里的小纸片吹出来了吗？在吹纸片的时候，是一下就把纸片吹出来了，还是要吹很多次？有没有吹不动纸片的时候？"

活动中提供的纸片因为材质、大小不同，有的轻，很容易就被吹出来，有的重，则需要幼儿从恰当的角度去吹气，而且吹气的力度要大些才能成功。提供这样的材料，就是让幼儿感受吹气的力度和产生的风的大小是密切相关的。

2. 邀请个别幼儿呈现自己遇到的问题，引导幼儿共同讨论解决的方法并现场进行操作。

3. 师幼共同小结。

"我们用吸管对着纸片吹，纸片就会怎样？为什么一吹气纸片就能从盘子里跑出来呢？原来呀，我们吹气的时候，就会有风，是风帮助这些小纸片从盘子里跑出来的。"

★拓展与延伸

1. 科学区域的拓展

◆ 将纸片和吸管放置在区域，鼓励幼儿继续进行吸管吹纸片的体验。通过反复体验，了解到调整方向、距离和吹气的大小，都有可能会影响吹纸片的效果。除此之外，教师还可以引导幼儿用吸管进行“吸纸片”的游戏，将散落在桌上的纸片再吸回盘子中，感受吸气与吹气的不同作用。

小班幼儿对于用吹气的方式移动物体的经验还比较局限，他们会认为吹不出纸片来是因为他们吹的力气太小了，或者是距离太远了，还不太懂得调整角度、位置来达到吹出纸片的目的。这个时候教师需要做些示范，帮助幼儿发现自己失败的原因，从而获得正确的经验。

◆ 提供半杯水和吸管，鼓励幼儿尝试用吸管吹杯子里的水，观察现象，讨论水里为什么会有泡泡产生，帮助幼儿进一步了解吹气时吹出的空气使水产生气泡。

2. 相关领域的拓展

在语言区带领幼儿一起阅读故事《三只小猪》，在读到大灰狼吹倒房屋的情节时，可以一边讲述一边带领幼儿模仿。

3. 家庭与园外活动

可以请家长协助孩子在家进行实验：找一张餐巾纸，在不接触到它的情况下让它移动，试试能想出多少种办法，并用文字和图画进行记录。

（钱 莉）

中班活动 1

水果里的种子

★概念与背景

水果里的种子对幼儿来说既熟悉又陌生。因为幼儿在品尝水果时都会接触到种子，但从来没有仔细观察过种子的特征。因此，我们设计了“水果里的种子”的活动，通过寻找、观察、记录的方法，认识几种常见的水果种子，从而激发幼儿对种子探究的兴趣，发展初步的探究能力。

★目标与能力

1. 观察、比较常见水果种子的主要特征，知道不同的水果种子不一样。
2. 能寻找水果里的种子，并将种子与水果标记进行匹配。
3. 能用简单的语言表达自己的观察与发现。

★资源与材料

1. 经验准备：认识各种常见的水果。
2. 物质材料：

教师用

◆ 西瓜、水果刀

◆ 实物投影仪 1 台

幼儿用

◆ 水果：西瓜、葡萄、金橘、龙眼（见图一、图二）

图一

图二

◆ 个体记录单（见图三）、摆放记录单的篓子人手 1 份

中班科学活动：水果里的种子

姓名：　　　　　班级：

		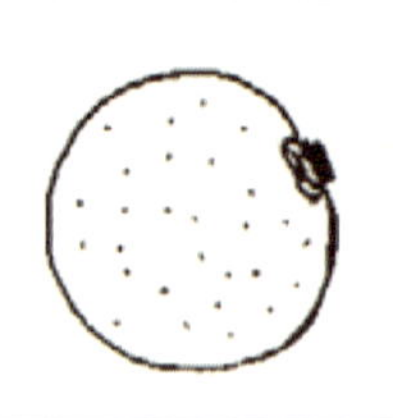

（此处贴有宽双面胶，幼儿找到种子后撕开白纸即可进行粘贴）

图三

◆ 盘子、湿纸巾、毛巾、塑料小刀

3. 参与人数：分组教学，18 人以内。

★过程与活动

一、问题导入

1. 出示蒙着盖布的大西瓜，请幼儿猜测：“这里藏着一个水果，请小朋友猜猜是什么？你们从哪里看出来它是 ×× 的？”鼓励幼儿自由表达。

2. 幼儿充分表述交流后，教师揭秘。

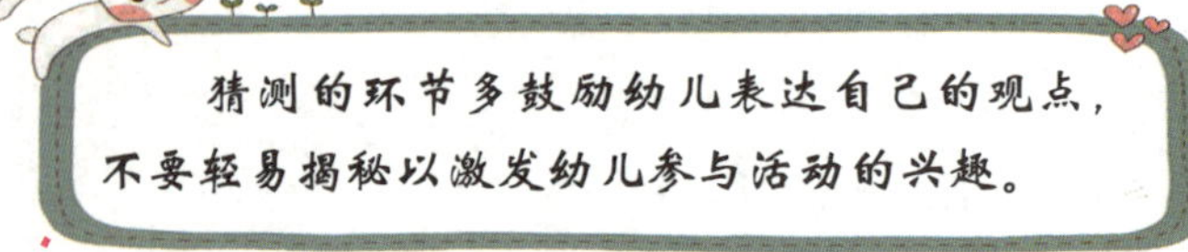

二、初步探究

1. 猜测西瓜里面有什么。

提出问题："你们吃过西瓜吗，西瓜里面会有什么？"幼儿相互交流。

2. 观察西瓜的果肉和种子。

教师将西瓜切开，引导幼儿观察："西瓜里有什么？红色的是什么？（西瓜的果肉）黑色的是什么？（西瓜子）"

"这个西瓜里会有多少西瓜子呢？"（许多许多）

3. 幼儿品尝西瓜，并收集西瓜子。

教师分给每位幼儿一块带有瓜子的西瓜："请小朋友来品尝西瓜，记得把西瓜子留下来，放在盘子里。"

品尝西瓜的环节也是为了收集西瓜子以便观察，因此每人一小块西瓜即可，否则会影响活动的时间。

三、交流沟通

1. 观察西瓜子。

提出问题："你们都找到西瓜子了吗？它是什么颜色？什么形状？像什么？数一数你找到了几颗西瓜子？一个西瓜里有多少西瓜子？"教师将西瓜子放在投影仪下展示，便于幼儿进行细致的观察。

2. 幼儿相互交流自己的发现。

3. 拓展经验。

请幼儿说说："你还吃过哪些水果？也是有种子的吗？"

四、再次探究

1. 幼儿寻找水果中的种子。

◆ 出示葡萄、金橘、龙眼。"你们认识这些水果吗？它们有种子吗？它们会像西瓜一样有许多种子吗？怎么找到它们的种子呢？"幼儿猜测。

◆ 请幼儿用湿纸巾将手擦干净后，开始寻找三种水果的种子。"小朋友可以剥一剥、切一切，吃一吃、找一找，看看葡萄、金橘、龙眼有没有种子。如果你找到它们的种子，请把种子贴在水果图片的下面。三种水果都要去找一找哦！"

幼儿在努力寻找各种水果种子的同时，也满足了品尝水果的愿望。实物记录单的使用，为下一环节观察、比较、辨别每种水果的种子提供了便利的条件。

2. 记录水果中的种子。

操作中，教师提醒幼儿将找到的所有种子粘贴在相应的水果图片的下方。（见图四）

图四

五、经验分享

1. 请幼儿和同伴说说：“你找到了哪些水果的种子？它们的种子一样吗？”

2. 在投影仪下仔细观察比较不同的种子。

◆ 教师出示贴有种子的记录单，引导幼儿仔细观察比较种子的颜色、大小、形状。

◆ 引导幼儿关注不同水果中种子的数量也是不一样的：“是不是三种水果里都只找到一个种子呢？”

3. 师幼共同小结。

“我们在西瓜、葡萄、金橘、龙眼里找到了种子，不同的水果，其种子的大小、颜色、形状、数量都不一样。请小朋友回家再找找，看看其他水果里有没有种子。是像龙眼一样只有一个种子，还是像西瓜一样有许多种子呢？”

★拓展与延伸

1. 科学区域的拓展

提供常见水果，让幼儿自己剥一剥、尝一尝、看一看不同水果的种子。

2. 相关领域的拓展

在益智区提供水果图片、种子图片供幼儿匹配，帮助他们进一步熟悉各种常见水果的种子。

3. 家庭与园外活动

家长与幼儿共同收集各种水果，找寻它们的种子；还可以尝试种植种子，观察其发芽、成长的过程。

（胡 敏）

中班活动 2

冬天里的树

★概念与背景

落叶树是指寒冷或干旱季节到来时，树叶同时枯死脱落的树种。常绿树是指春、夏季时，新叶发生后老叶才逐渐脱落，终年常绿的树种。

夏、秋季节，幼儿在幼儿园对树木进行连续的观察。进入冬季，为了让幼儿继续观察树木的变化，我们选择了落叶（梅花树、石榴树）与常绿（棕榈树、柏树、广玉兰）两种树木，通过观察对比，让幼儿发现植物生长的有趣现象。

★目标与能力

1. 认识幼儿园里的常绿树与落叶树。
2. 尝试用简笔画的方式记录观察的结果。
3. 对不同季节里树叶变化的自然现象产生好奇感。

★资源与材料

1. 经验准备：幼儿在夏季和秋季有观察过同一树木的经验，知道同一树木在夏、秋季节是有变化的。

2. 物质材料：

教师用

◆ 幼儿园内夏季树木照片 5 张，其中 2 张落叶树、3 张常绿树。

◆ 实物投影仪 1 台、集体记录单 1 张（见图一）

◆ 12 色水笔 1 套

幼儿用

◆ 记录夹、12 色水笔、幼儿记录单（集体记录单缩小版）人手 1 份

◆ 落叶树与常绿树图标每人 1 个（见图二）

图一

图二

3. 参与人数：全班。

★过程与活动

一、问题导入

1. 展示幼儿园内夏季树木的照片，幼儿回忆这几种树木的夏季生长情形。

“你们还记得这是幼儿园里的什么树吗？夏天这几种树是什么样子的？”（见图三）

图三

2. 引发幼儿寻找、观察树叶的兴趣。

“现在是什么季节？树上的叶子还会像夏天那样绿吗？”

二、初步探究

1. 介绍幼儿记录单，提出观察记录要求。

“记录单上是树木夏天时的照片，一会儿请小朋友在幼儿园里找到它们，看看它们现在是什么样子。如果变得和夏天不一样了，请在它下面的空格里画出现在的样子。如果还

> 在观察记录前，教师应引导幼儿讨论一下记录的方法，将有助于幼儿拓展思路，避免在记录环节中产生困难。

是原来的样子，我们可以用什么标记来表示呢？”

2. 幼儿观察并记录。

幼儿自由结伴两人一组，在户外观察各种树木在冬天里的变化，并记录树叶变化大的树木。在幼儿分组观察时，教师关注幼儿能否找到与记录单上相对应的树木，并用简笔画的方法真实地表现落叶树的样子。

> 教师采用结伴的方式引导幼儿观察，可以增加同伴间的交流，在记录时遇到困难也可以相互学习与借鉴。

三、交流沟通

1. 展示记录单，集体交流。

展示全体幼儿记录单：“大家发现了什么？树上的叶子还和夏天一样吗？哪些树的叶子和夏天不一样了？”随着幼儿的讲述，教师在集体记录单上用简图记录。

2. 小结：常绿树与落叶树。

“有些树一年四季都有绿色的树叶，我们叫它常绿树。有些树到了冬天树叶就会干枯全部落下来，这样的树我们叫它落叶树。”

> 对照记录单让幼儿讲述自己观察的现象，同伴互相学习有利于幼儿记录能力的提高。

四、再次探究

1. 认识常绿树与落叶树的图标。

教师出示图标，引导幼儿观察：“哪个图标能表示常绿树？哪个图标能表示落叶树？”

2. 寻找幼儿园里的常绿树（落叶树）。

“请每个小朋友选择一个图标，在幼儿园里找一找，有哪些树木是图标上表示的常绿树（落叶树）？找到后把图标贴在树干上。”

图四

幼儿自由选择图标，在园内寻找相应的树木匹配图标，一边贴一边说：“这是常绿树（落叶树）。”（见图四）

3、幼儿匹配图标时，教师关注图标与树木是否一致，并提醒幼儿用语言进行

> 为树木贴图标也是让幼儿再一次观察比较的过程，并加深对落叶树与常绿树的认识。

表述。

五、经验分享

1. 幼儿相互交流："你拿的是什么图标？送给了哪棵树？你从什么地方看出来它是常绿树（落叶树）的？"

2. 再次回忆巩固常绿树和落叶树的特征。

★拓展与延伸

1. 科学区域的拓展

在区域活动中，可以提供幼儿熟悉的树木图片，让幼儿按常绿树和落叶树进行分类。

2. 相关领域的拓展

带幼儿观察园里的树，开展美术写生的活动。

3. 家庭与园外活动

家长可以带孩子观察生活小区里的树木：哪些是常绿树？哪些是落叶树？还可进行跟踪性观察：常绿树一直都不落叶吗？什么时候会落叶？

（沈洪洁）

中班活动 3

观察竹笋

★概念与背景

竹笋也称为笋，是从竹子的根状茎上发出的幼嫩发育芽，长出地面后砍下，可作为蔬菜食用。

春天到了，幼儿园的小竹林里几个小嫩笋从泥土里冒了出来，被到此散步的孩子们发现了。“这是什么，是竹子吗？”看着他们充满求知欲的表情，我们决定顺应幼儿的兴趣，带着他们一起观察竹笋，认识竹笋。

★目标与能力

1. 认识竹笋，了解竹笋的主要特征。
2. 学习运用多种感官，由外到内细致地观察竹笋。
3. 愿意在集体中大胆表述自己的发现。

★资源与材料

1. 经验准备：有观察物体的经验，具备初步的观察能力。
2. 物质材料：

教师用

◆ 集体记录单 1 张（见图一）、空白记录纸若干、彩色水笔 1 套、刀 1 把

◆ 电脑、实物投影仪各 1 台

◆ 竹笋图片 3 张（见图二、图三、图四）、竹笋生长视频

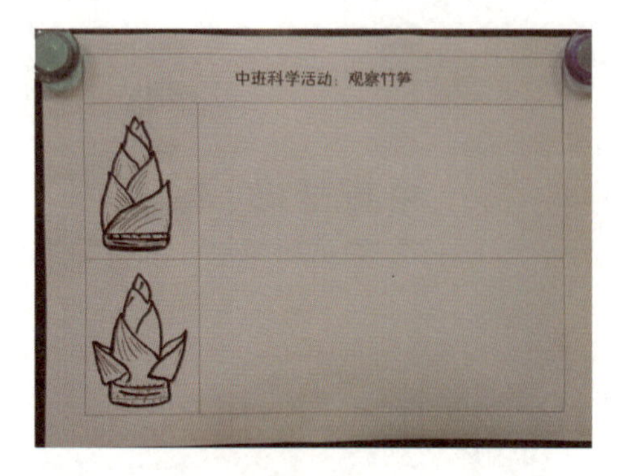

图一

图二

图三

图四

幼儿用

◆ 竹笋，儿童用水果刀、切菜板人手 1 套

◆ 油画棒、记号笔每组若干，

◆ 颜料盘、抹布每组 2 套

3. 参与人数：分组教学，18 人以内。

★过程与活动

一、问题导入

1. 创设“看图猜一猜”的游戏情境，出示图二。

“这里有一张图片，图片上是什么呢？请你们猜一猜。”

“你从什么地方看出它是 ×× 的呢？”

2. 逐一出示图三、图四，引导幼儿观察与交流：“这是什么？你们见过竹笋吗？它长什么样？”

教师逐一出示竹笋局部表皮到部分竹笋再到整体竹笋的图片，不仅有利于调动幼儿的思维与原有经验，更激发了幼儿观察竹笋的兴趣。

二、初步探究

1. 幼儿人手一个竹笋，教师引导幼儿观察：“仔细看一看，竹笋长什么样？上面有什么？”

2. 鼓励幼儿运用多种感官（看、摸、掂、闻），细致地观察竹笋的外表。

◆ “看一看竹笋是什么形状的？竹笋的皮是什么颜色的？”

◆ “摸一摸竹笋的皮，有什么感觉？”

◆ “闻一闻，竹笋有味道吗？是什么味道？”

◆ “放在手里掂一掂，有什么感觉？”

三、交流沟通

1. 鼓励幼儿从竹笋的形状、表皮颜色、摸上去的感觉等方面来描述竹笋的外形特征。

2. 幼儿边描述，教师边记录特征并贴在集体记录单上。

四、再次探究

1. 观察竹笋内部。

提出问题：“你们知道剥了皮的竹笋是什么样子的？皮的外表和里面又有什么不同？”请小朋友一边剥一边仔细观察。

剥皮的过程也是观察的过程，教师可引导幼儿从皮的包裹方式、正反面的颜色差异、手的触摸感觉等方面进行细致观察。

2. 幼儿操作后交流：“竹笋的皮是怎么长的？它是什么形状的？皮里面和外面的颜色一样吗？剥皮后的竹笋是什么颜色？身上还有什么？”

3. 再次提出问题：“竹笋的里面会是什么样的？”

4. 幼儿猜测后，教师提供水果刀让他们自己尝试切开竹笋，观察竹笋切开后的样子。

五、经验分享

1. 幼儿相互交流竹笋切开后的样子。

2. 教师现场切开竹笋进行观察（横切与竖切），引导幼儿发现竹笋竖着切开里面是一层一层的；横着切开的竹笋是圆形的，中间有空隙。

3. 教师用切开的竹笋醮颜料，将横切面、纵切面的印迹印在集体记录单上（切开的竹笋一栏）。

4. 观看竹笋生长视频。

“竹笋是从哪里来的呢？这小小的竹笋长大后会变成什么？我们一起来看一看。”

★拓展与延伸

1. 科学区域的拓展

与幼儿继续讨论竹笋的话题，鼓励幼儿收集一些关于竹笋和竹子的资料以及竹制品带到幼儿园；观察幼儿园竹林里竹笋的生长变化，小组合作绘制“竹笋观察日记”。

2. 相关领域的拓展：

美工区：提供记号笔、纸等，引导幼儿观察竹笋的外形，进行写生活动；还可以开展泥工活动，制作竹笋、竹子。

3. 家庭与园外活动

请家长烹制一些竹笋菜肴给幼儿品尝。班级中还可以开展“竹笋美食品尝会”“竹制品展览会”等活动。

（刘 田）

中班活动 4

会喝水的罐子

★概念与背景

材料在水中能吸收水分的性质称为吸水性。常见的吸水材料有毛巾、纸巾、海绵、棉布等。幼儿在日常生活中经常能接触到这些材料，但没有关注过它们的吸水性能。此活动借助魔术情境，通过探索制作神奇的“魔术罐”，让幼儿感受材料的吸水性。

★目标与能力

1. 探索发现生活中的纸巾、海绵、毛巾等材料可以吸水。
2. 能自主选择合适的材料，探索游戏的操作方法。
3. 体验运用材料的吸水性开展魔术游戏的乐趣。

★资源与材料

1. 经验准备：有玩水的经验。
2. 物质材料：

教师用

◆ 薯片罐 1 个（罐底塞有一块小毛巾，盖子上有直径 2.5 厘米的圆洞）

◆ 装有 40 毫升水的塑料小杯子 1 个

◆ 实物投影仪、盖布、黑板各 1 个

◆ 集体记录单、实物标记（见图一）

幼儿用

◆ 空薯片罐（盖子上有直径 2.5 厘米的洞）、小托盘幼儿人手 1 个（见图二）
◆ 装有 30 毫升水的量杯幼儿人手 2 个（分 2 次提供）
◆ 装干、湿材料的篓子各若干
◆ 棉质小毛巾、餐巾纸团、海绵、水果网、塑料袋各若干（见图三）

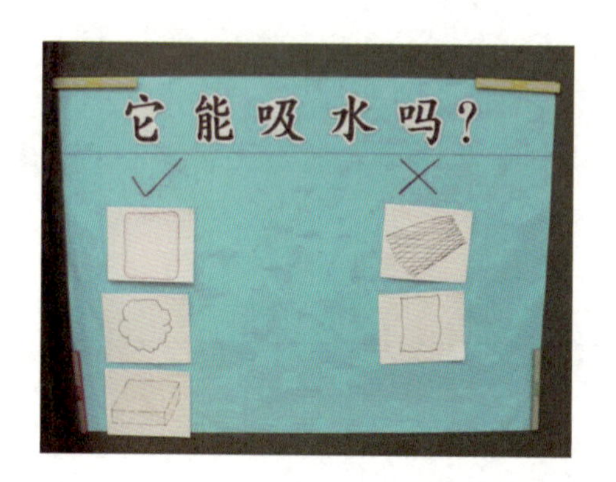

图一

图二

图三

3. 参与人数：全班。

★过程与活动

一、问题导入

1. 提出问题，引发兴趣。

“小朋友看看桌上有什么？和我们平时看到的薯片罐有什么不同？盖子上有什么？（洞）如果往罐子中倒水，再将罐子倒过来，你觉得会发生什么现象呢？”幼儿猜测。

2. 变魔术“会喝水的罐子”。

教师将水从盖子的洞中缓慢倒入罐子里，提出问题："如果把罐子倒过来，会发生什么？"此时，幼儿会肯定地认为罐子倒过来时，会有水流出来。教师小心翼翼地将罐子慢慢倒过来，让幼儿清楚地看到一滴水也没有流出，教师诧异地问："有没有水流出来？水到哪里去了呢？你觉得可能是什么原因呢？"

魔术游戏的视觉冲击，很好地激发幼儿参与活动的兴趣。对答案的推测也各不相同：有的幼儿认为水飞到天上去了，有的幼儿认为老师趁大家没注意把水倒了，还有幼儿认为这个罐子有喝水的本领……

3. 幼儿交流自己的猜测。

4. 猜测罐子里藏着的物品。

"这是一个小小的魔术。在变这个魔术之前，我在罐子里放了一样可以吸水的东西，是它把水吸走了。你知道罐子里放的是什么吗？"幼儿猜测。

Love

此时提供线索的目的在于：避免幼儿缺乏科学依据的胡乱猜测，让幼儿接下来的操作更有目的性。

二、初步探究

1. 初步猜测哪些物品能够吸水。

教师出示操作材料，启发幼儿思考："这里有一些材料，你们认识吗？你们觉得哪些材料放到罐子里，能把倒进去的水吸走？"

2. 幼儿交流自己的想法，教师用实物标记在集体记录单中进行记录（见图一）。

3. 提出操作要求："每人选一样你认为可以吸水的材料放在罐子里，然后盖上盖子倒入水，再试着将罐子倒过来，看看水会不会从洞里流出来。"

4. 幼儿操作。

教师关注幼儿的操作过程，针对出现的问题给予引导。

◆ 材料的问题："你选的是什么材料？它吸水吗？"

◆ 操作方法的问题："这个材料它可以吸水，怎么罐子里还会有一些水呢？怎样做可以让剩下来的水都被吸完呢？"

教师只给幼儿提供吸水性能强和不能吸水的两种材料而未提供吸水性能一般及较弱的材料，这样做是为了排除其他因素的干扰，让幼儿正确判断材料的吸水性能。

三、交流沟通

1. 幼儿相互交流：“你们找到可以吸水的材料了吗？是什么？能将倒进去的水全部吸完吗？”

2. 教师请个别幼儿上来演示并提问：“你选择的是什么材料？水漏下来了吗？一滴水也不漏吗？如果是这样，说明这样东西可以怎样呢？还有谁用的也是这种材料？你们也是一滴水不漏吗？”

3. 交流在操作中遇到的问题。

教师根据幼儿的实际操作情况进行引导，如：

◆ 选择海绵但摆放方法不对的情况时，教师可以打开罐子，引导幼儿观察海绵摆放位置对吸水的影响。

◆ 选择纸团但放得量太少造成漏水的情况时，教师可以打开罐子拿出湿透的纸团，让幼儿观察因吸水而变色的纸团和不断往下滴水的现象，让幼儿关注到纸团能吸水，但因为量少而没有吸去全部的水分。

幼儿对材料吸水性的判断会受到材料摆放位置与数量的影响，如：海绵竖立在罐中，使得倒入罐中的水没有被海绵吸收，他们就认为海绵不能吸水。还有的幼儿因放入少量纸巾无法吸完倒入罐中的水，因而疑惑纸是否具有吸水性。这时，教师应将问题抛给幼儿，让他们相互交流自己的看法。同时教师出示有问题的材料（材料太少或位置不当），让幼儿仔细地观察，自主寻找问题所在。

四、再次探究

1. 针对问题，再次操作。

引导幼儿将罐中被水打湿的材料取出，并将罐中的水倒干净，然后重新选择材料再次操作。如有材料数量不够，教师要注意随时补充，保证幼儿操作。

2. 幼儿在操作的过程中，教师关注幼儿材料的选择、摆放的方法以及材料的数量是否正确，针对仍有困难的幼儿给予适宜的引导。

五、经验分享

1. 幼儿相互交流。

“这次操作你们成功了吗？你选择的是什么材料？怎么放的？倒进去的水流出来了吗？水到哪里去了？这说明什么呢？”（有些材料可以吸水，有些材

料不吸水）

2. 师幼共同调整集体记录单，将能吸水和不能吸水材料的标记分别摆放在相应位置。

3. 教师揭秘。

“你们能猜出我的罐子中装的是什么材料吗？”幼儿猜测后教师现场揭秘，将罐子里的毛巾取出。教师进一步提问：“除了我们今天找到的这些材料，你们还知道有哪些材料也会吸水吗？”

整个活动，教师以魔术游戏激起幼儿学习的兴趣，以提供线索支持幼儿的主动探究，以呈现问题引发幼儿的自由讨论，以表演魔术让幼儿体验成功的乐趣。通过这一系列的内容，最终帮助幼儿获得材料吸水性的经验。

★拓展与延伸

1. 科学区域的拓展

提供各种可以吸水的材料，引导幼儿比较哪些材料吸水快、哪些材料吸水慢。

2. 相关领域的拓展

在美工区为幼儿提供宣纸与水彩，在印染画的游戏中，进一步感受纸的吸水性。

3. 家庭与园外活动

家长可以在幼儿洗澡时为他们提供各种材质的玩具或洗澡用品，让幼儿发现材料的吸水性。

（吴 岚）

中班活动 5

有趣的影子

★概念与背景

影子是由于物体遮住了光的传播，而形成的较暗区域。幼儿对这一科学现象有着浓厚的探究兴趣，每当阳光下出现自己和同伴的影子时，他们便会兴奋不已，追逐玩耍、东躲西藏。玩耍的过程中，他们也逐步积累了有关影子的经验，如影子的颜色、形状、大小等等。正是基于幼儿对影子的好奇心和探索的欲望，我们设计了“有趣的影子”这个活动，旨在让幼儿通过操作发现光源位置与影子变化之间的关系。

★目标与能力

1. 发现光源位置与影子变化之间的关系。
2. 探索让影子的数量、大小及位置发生变化的方法。
3. 体验与同伴合作探究光影游戏的乐趣。

★资源与材料

1. 经验准备：会使用手电筒，对影子有初步的经验。
2. 物质材料：

教师用

◆ 大的恐龙模型 1 个（见图一）

◆ 恐龙影子图片 1 张（见图二）

◆ 实物投影仪 1 台

◆ 场地布置（见图三）

图一

图二

图三

幼儿用

◆ 每人 1 块地垫

◆ 人手 1 只手电筒、1 只恐龙玩偶（放入椅背上的椅袋中）

3. 参与人数：全班或分组教学。

★过程与活动

一、问题导入

1. 回忆影子的相关经验，引出活动内容："你们见过影子吗？都见过哪些东西的影子？什么时候才能看到影子呢？"

2. 出示恐龙，创设问题情境："今天来了一位小客人要和你们做游戏，看看是谁呀？你们能把它的影子变出来吗？怎么变？"

3. 幼儿相互交流各自的方法。

二、初步探究

1. 出示手电筒，提出操作的要求："这是什么？（手电筒）请小朋友将恐龙玩具放在垫子上，然后用手电筒照恐龙，看看能不能把恐龙的影子清楚地照出来？照的时候要仔细观察，看看会有什么发现。"操作时，提醒幼儿手电筒的光不能照到别人的眼睛。

> 教师引导幼儿变换手电筒的位置，是为了让幼儿全面而细致地进行操作与观察，丰富他们的发现，为下一环节的交流打下基础。

2. 幼儿自由探索。

幼儿操作的过程中，教师引导幼儿将恐龙的影子完整地投射在垫子上，并鼓励幼儿尝试变换手电筒的位置，仔细观察影子的变化。（见图四）

图四

三、交流沟通

1. 幼儿相互交流自己的发现。

"你们都给小恐龙变出影子了吗？怎么变的呢？你们都有什么发现？"（鼓励幼儿大胆表述操作过程中的不同发现）

2. 邀请个别幼儿介绍自己的发现，并进行现场操作验证。

3. 光影游戏：影子变变变。

> 此游戏可以让幼儿更加有目的地进行操作探索，并在操作中获得光源位置变化影子也会发生变化的初步经验，为下一环节打下基础。

教师带领幼儿游戏："小恐龙要和你们玩游戏啦！它想让你们帮它变出一个很大的影子，还想变出一个很小的影子。接下来，小恐龙想让影子变到左边和右边，你们能变出来吗？如果身体不动，小恐龙也不移动，那你们有没有办法把小恐龙的影子变到老师这里呢？"

教师以学习者的身份参与游戏："你们太棒了！现在你们来教教我，如果想要给恐龙变出一个大影子，我应该怎么做呢？（手电筒靠近恐龙）如果想给恐龙变出一个小影子，我又

> 教师参与游戏的方式，可以激发幼儿用语言描述手电筒与恐龙之间的位置关系从而获得光源位置与影子变化的关系。

应该怎么做呢？（手电筒离开恐龙）如果想让恐龙的影子一会到左边，一会到右边，那手电筒应该怎么办呢？（一会放左边，一会放右边）”

四、再次探究

1. 尝试用合作的方法为一只恐龙制造出两个影子。

提出问题：“刚刚我们给一只恐龙照出了几个影子？如果让一只恐龙变出两个影子，你们有办法吗？”

幼儿相互交流自己的想法，教师可根据幼儿回答的情况做适当引导，让幼儿知道通过合作来完成任务（见图五）。

图五

2. 光影游戏：探索制造出两个大小、位置不同的恐龙影子的方法。

◆ 教师出示图二，提出问题：“我这里有一只小恐龙，它有几个影子？在什么位置？你们能将面前的小恐龙也照出这样一左一右的影子吗？”

◆ 幼儿操作后，教师引导幼儿自由交流操作的方法。

◆ 教师提出新要求：“小恐龙想变出一大一小两个影子，想一想手电筒怎么放就能变出来呢？”

◆ 幼儿合作自由探索。

五、经验分享

1. 教师：“你们帮助小恐龙变出一大一小的影子了吗？谁来向大家介绍一下？”

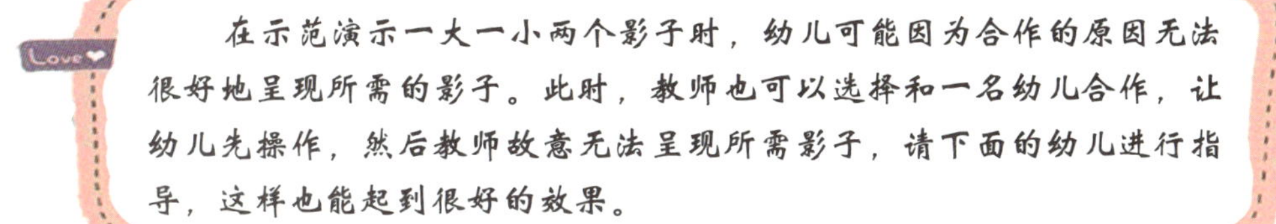

Love

在示范演示一大一小两个影子时，幼儿可能因为合作的原因无法很好地呈现所需的影子。此时，教师也可以选择和一名幼儿合作，让幼儿先操作，然后教师故意无法呈现所需影子，请下面的幼儿进行指导，这样也能起到很好的效果。

2. 自由交流，教师请个别幼儿上来操作并集体进行验证。

3. 师幼共同总结：“今天我们玩了照影子的游戏，我们发现手电筒放在恐龙的身体两侧，就可以照出图片上一左一右的两个影子；一个手电筒离恐龙远，一个手电筒离恐龙近，就能变出一大一小两个影子。”

4. 提出新问题引发幼儿思考：“一个手电筒可以照出一个影子，两个手电筒可以照出两个影子，那如果我们这么多小朋友同时照一只恐龙，会怎么样呢？我们下次再来试一试。”

★拓展与延伸

1. 科学区域的拓展

提供手电筒和各种小玩偶让幼儿自由探索，发现影子的更多秘密，并请幼儿将自己的发现记录下来，布置成小墙饰供大家交流分享。

2. 相关领域的拓展

语言区可以提供和影子有关的书籍，丰富幼儿对影子的知识经验；户外活动的时候也可以玩一玩影子游戏。

3. 家庭与园外活动

家长可以在适宜的场所带孩子观察影子，体验影子的变化，如行走在路灯下或晚上利用灯光，观察影子的大小、方向的变化。家长也可以在晴好天气下带孩子进行手影游戏，感受影子的变化。

（李 萍）

中班活动 **6**

系列活动：水和冰

★概念与背景

水是无色、无味、透明的液体，它在重力的作用下涌向低处，因此具有流动性。自然界中的水，有气态、固态和液态三种形态。水在零摄氏度以下会凝结成冰，冰有很多固有的特性，如透明、光滑、坚硬、不易改变外形等。

在生活中，水是深受幼儿喜爱的。为此，我们设计了“水和冰”系列活动，对水的两种形态进行探究。活动中，我们提供了各种材料，运用多种方法让幼儿亲近水、探究水，通过游戏让幼儿在操作中感受水无色无味的特性，观察水的流动。通过幼儿亲身体验制作冰块，感受水在不同条件下的形态变化，在寒冷的条件下可以凝结成冰，冰块在温暖的条件下可以融化成水。

活动一：好玩的水

★目标与能力

1. 在操作过程中初步感受、了解水的特征。
2. 能用图画的方式记录有趣的发现，并与同伴进行分享。
3. 在游戏中体验与同伴合作玩水的乐趣。

★资源与材料

1. 经验准备：认识玩水的工具，了解针管、漏斗的基本使用方法。

2. 物质材料：

教师用

◆ 集体记录单（见图一）

幼儿用

◆ 透明大水盆 3 个（直径 1.5 米，深度 60 厘米。盆中放水，水深约 40 厘米）

◆ 玩水工具：漏斗、针管、水管、海绵、瓶子、勺子、铲子、洒水壶、杯子等，每种 4~5 个（见图二）

好玩的水

材料	如何玩水

图一

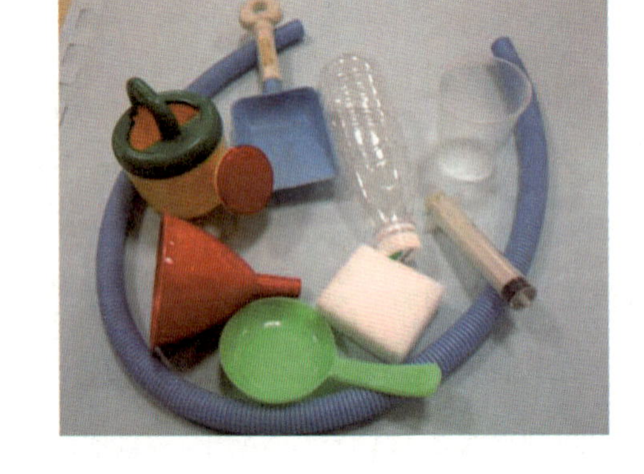

图二

◆ 空矿泉水瓶人手 1 个

3. 参与人数：全班。

★过程与活动

一、问题导入

1. 引导幼儿回忆已有的玩水经验：“你们玩过水吗？水是什么样的？”

2. 幼儿自由表述玩水的经验，相互交流对水的已有认识。

二、初步探究

1. 出示各种工具：“这里有很多玩水的工具，请你去玩一玩。一会儿要告诉大家，你用了什么工具？是怎么玩的？”幼儿自由选择工具玩水。

2. 幼儿自由玩水。

教师观察幼儿玩水，关注幼儿玩水所用的工具，与幼儿交流玩水过程中的发现。

教师为幼儿提供了丰富的材料和适宜的工具——漏斗、针管、水管、海绵、洒水壶、杯子等等，还有透明的水盆，支持幼儿在游戏中去观察、感知水透明、可流动的特性，幼儿在实际操作中积累了对水的感性认识。

三、交流沟通

1. 幼儿交流玩水过程中的发现。

“你是怎样玩水的？用了什么工具？有什么有趣的事情？”

Love

活动以游戏的方式进行，以亲身体验为主要过程，以交流分享为主要的学习方式，教师以陪伴者的身份和孩子分享玩水的快乐，没有了过多的约束和干预，幼儿可以按照自己的方式尽情嬉水，轻松愉快。正是因为幼儿在游戏中积累了丰富的观察经验，所以使得讨论和分享十分积极、热烈。

2. 出示集体记录单，教师用简单的符号、文字在记录单上记录孩子玩水的发现和有趣的现象。通过图示的记录，总结和归纳幼儿的不同玩水方法，积累幼儿对水的感性经验。

四、再次探究

1. 游戏：装满一瓶水。

出示矿泉水瓶，提出游戏要求：“把这个矿泉水瓶装满水，你有什么好办法吗？”

2. 幼儿自主尝试。

幼儿可以独立完成任务，也可以与同伴合作共同完成任务（见图三）。

图三

3. 在操作过程中，注意观察幼儿使用的不同方法。引导幼儿说说：“你用的是什么方法？能很快装满吗？怎么才能很快装满一瓶水？”

五、经验分享

1. 请幼儿向大家介绍自己装水的方法，并在集体中进行演示。

2. 幼儿共同讨论："哪种方法能够很快装满一瓶水？"

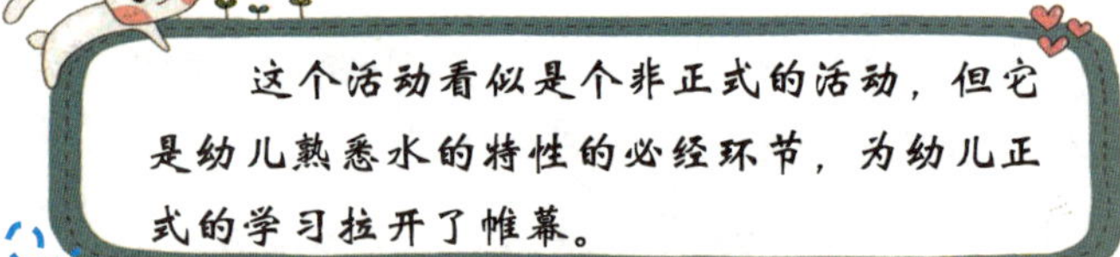

★拓展与延伸

1. 科学区域的拓展

提供大小不同、口径不同的空瓶子，请幼儿将瓶中装满水。提供不同的玩具、积木等材料，鼓励幼儿制作水中的小船，观察不同物体在水中的沉与浮的现象。

2. 相关领域的拓展

在音乐区提供装有不同高度水的玻璃水杯，演奏有趣的水杯乐器；在美工区提供流淌画，通过流淌的颜料作画，感受液体的流动性。

3. 家庭与园外活动

家长陪伴幼儿在各种自然环境中嬉水—小溪、池塘、海边、游泳池等，让幼儿和水进行最为亲密的接触；在家里，还可以让孩子尝试自己冲制饮料，观察物质在水中融化的现象。

（赵晓丽）

活动二：哪杯是水

★目标与能力

1. 能运用多种感官辨认出自来水，进一步感知水的基本特征。

2. 通过观察和比较，发现不同液体之间的差异，能够用恰当的词汇描述水的特征。

★资源与材料

1. 经验准备：认识自来水，认识生活中常见的液体，如醋、雪碧、橙汁、油等。

2. 物质材料：

教师用

◆ 乌鸦图片 1 张

◆ 大记录表 1 张（见图一）

幼儿用

◆ 各种液体：自来水、雪碧、橘子汁、白醋、白酒、洗涤剂、色拉油（每种 4 杯，贴上数字标签）

◆ 每张桌子上放 4 杯同种液体，桌上贴有表示液体编号的杯形卡片（见图二）。

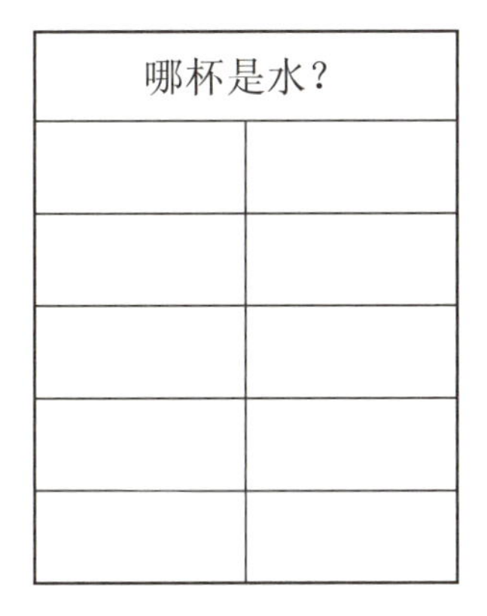

哪杯是水？	

图一

图二

◆ 记录用红色小贴纸，数量人手 3 ～ 4 个，摆放在盘子里。

3. 参与人数：全班。

★过程与活动

一、问题导入

以乌鸦喝水的故事情境引出活动：“一只乌鸦口渴了，到处找水喝。这里有这么多杯子，哪个杯子里装的是自来水呢？你能帮助小乌鸦吗？”

二、初步探究

1. 幼儿寻找、辨别自来水。

水是无色、无味、透明的可流动的液体，为了突出水的特性，活动中提供有颜色的、有气味的以及透明度有差异的液体供幼儿进行观察和比较，在反复比较的过程中，清晰地感受水的特性。

提供七种不同的液体，请幼儿辨别哪杯是自来水。活动中引导幼儿用眼睛看、鼻子闻，但不能用嘴巴尝。当幼儿辨别出某种液体是自来水时，提醒幼儿将红标记贴在相对应的杯子卡片上进行记录（见图三）。

合理的场地布置和恰当的记录方式保证幼儿充分地投入活动。活动中的记录方式非常利于幼儿操作，简单的粘贴就可以将自己的想法进行记录，也便于集体讨论时的交流和汇总。

图三

2. 在操作过程中，教师通过提问的方式引导幼儿对七种液体进行比较观察，鼓励幼儿充分运动多种感官去看、去闻、去细细辨别。最后，做出合理的分析和判断。

“它是自来水吗？为什么是 / 不是？你是怎么知道的？”

三、交流沟通

1. 将杯子卡片展示在集体记录单上（见图四），对幼儿的观察结果进行讨论：“请大家一起看一看，你认为哪杯是自来水？”

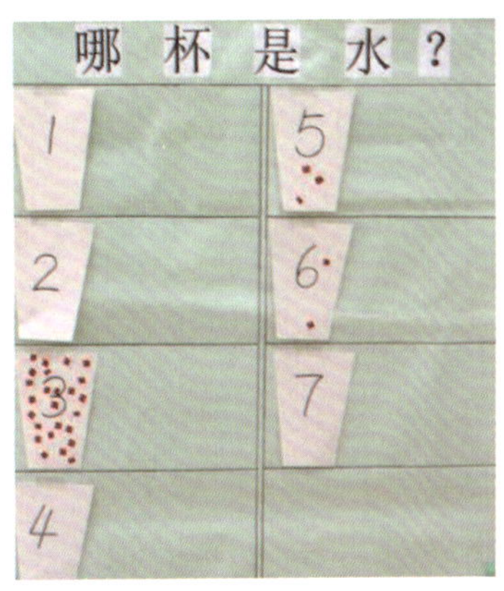

图四

2. 幼儿根据记录，介绍自己判断的结果，说一说几号杯中是自来水。

3. 幼儿交流各自判断的理由。

教师鼓励幼儿大胆地表述出判断的结果并充分地说明理由。教师可以通过反问的方式参与幼儿的讨论：“× 号杯子里是自来水吗？为什么不是？你是怎么知道的？”

在集体交流中鼓励幼儿充分表达自己推测的理由。这样的交流过程，可以帮助幼儿整理、分析自己的观察结果，学会用恰当的词汇描述水的特性。

四、再次探究

1. 找出自来水。

第一次探究活动中，幼儿会排除几种差异较大的液体，筛选出透明、无味的液体认为是自来水。在这次探究中，请幼儿在筛选出的几种液体中进一步去区别和辨认。“这里有几个杯子，大家认为可能是自来水。到底哪杯是水，哪杯不是呢？请大家再去仔细地看一看。”

2. 幼儿再次操作。

3. 活动过程中，教师重点关注幼儿判断自来水的方法，引导幼儿说说为什么它是自来水（或不是自来水）？在交流中鼓励幼儿大胆地用语言描述水的特征。

活动中再次强调：观察可以用眼睛看、用鼻子闻，但是对于自己不知道的东西，千万不可以用嘴去尝。

图五

五、经验分享

1. 引导幼儿说说自己找出的自来水是哪一杯？它到底是什么样子的？（见图五）

2. 请不同看法的幼儿分别阐述理由，集体讨论：“你们觉得谁说的有道理？究竟哪个杯子里是自来水呢？”

3. 交流辨别自来水的方法：“你们能告诉小乌鸦用什么方法可以找到自来水吗？”

此活动是对水的无色、无味、透明特性的深入的感知。活动的讨论环节十分重要，它是幼儿对探究过程的再整理、再分析和再概括的过程，经过充分的交流和讨论，幼儿会对水的无色、无味、透明、可流动等特性有更为清晰和准确的认识，这也为进一步了解水的流动性打下了基础。

★拓展与延伸

1. 科学区域的拓展

小实验：盐水杯中的鸡蛋。提供自来水和盐水，请幼儿观察鸡蛋放在两个不同水杯中呈现的现象。

2. 相关领域的拓展

美工区：隐形画。用白色蜡笔在白纸上绘画，用彩色水彩刷过画面将白色线条呈现出来；生活区：好喝的饮料。用果珍粉、豆奶粉等调制各种口味的饮料。

3. 家庭与园外活动

借助各种机会与幼儿一起亲近水（大自然中的溪水、河水、海水），让幼儿熟悉水。告诉幼儿卫生饮水的安全常识，多喝家中的白开水，生水或者不确认的饮料不要随便饮用。

（赵晓丽）

活动三：用什么工具运水

★目标与能力

1. 能选用合适的工具运水，比较哪种工具运得又多又快。
2. 探索用合适的工具运少量的水。
3. 对运水活动感兴趣，积极选用工具进行活动。

★资源与材料

1. 经验准备：幼儿有借助工具玩水的经验。
2. 物质材料：

教师用

◆ 塑料桶、小盆、塑料杯、瓶子、勺子、漏斗、抹布、海绵等标记（见图一），备用空白标记 4 ～ 5 张

◆ 玩具小鸭 6 ～ 8 只、集体记录单 1 张（见图一）、记号笔 1 支

幼儿用

◆ 大水盆 2 个、方形水箱 4 ～ 5 个（见图二）

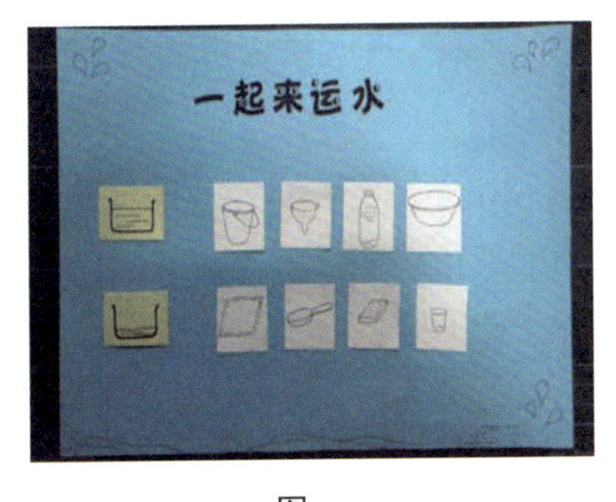

图一

图二

◆ 塑料桶、小盆、塑料杯、瓶子、勺子、漏斗、抹布、海绵等工具若干

3. 参与人数：分组教学，18 人以内。

★过程与活动

一、问题导入

1. 设置“小鸭洗澡”的游戏情境，引起幼儿兴趣。

“一群小鸭想洗澡，需要将大盆里的水运到澡盆中，你们有什么办法？”

2. 幼儿设想可以使用的工具。

“哪些工具可以帮助我们运水呢？”

3. 根据幼儿的描述，一一出示工具标记，幼儿认识标记并说出工具的名称。

二、初步探究

1. 尝试用各种工具运水。

“这些工具都能运水吗？请小朋友去试一试。”

活动中注意引导并鼓励幼儿积极参与运水活动，观察幼儿选择工具的情况。

2. 与幼儿个别交流。

“你用的是什么工具？怎么运水的？你喜欢用哪个工具运水？”

大水盆水量较多时，工具的选择对幼儿来说没有任何困难，他们很容易就想到选用小桶、小盆等一些盛水量较多的工具。渐渐地，水变少了，幼儿发现有些工具已经很难舀到水了，他们开始选择小勺、小碗替换了原有的工具。

三、交流沟通

1. 讨论水多时适宜运水的工具有哪些。

“刚开始水盆里的水很多，你是怎么运水的？选择了什么工具？”

2. 幼儿描述自己运水的过程，教师在集体记录单上逐一出示或记录工具标记：水多时，适合运水的工具有……

3. 教师提出问题。

“有很多水的时候，我们发现小盆、碗等工具都能运水。现在水盆中的水少了，你认为这些工具还能继续运水吗？怎样才能将大盆中剩余的水运走呢？”

Love

整个活动随着“大盆中水量的变化”自然而巧妙地过渡到下一个环节，气氛轻松又愉快。教师有意识地运用简短的提示语支持和鼓励幼儿运水，最终，幼儿发现了在“水多”“水少”和“水很少”的情况下，可以分别选择不同的、适宜的工具，以帮助大家有效、快速地完成运水任务。

四、再次探究

1. 幼儿再次尝试运输盆中剩余的水。

2. 教师关注幼儿使用工具的情况，过程中与幼儿交流：“你用什么工具来运盆里剩下的水？哪种工具最好用？你能把所有的水都运走吗？”

当盆底只剩下少量余水时，教师适时提出了问题：“只剩一点点水了，这些工具还能继续帮助运水吗？”在教师的鼓励与启发下，幼儿想出了选用抹布、海绵等能够吸水的工具来吸光盆底仅剩的一点水。

五、经验分享

1. 交流幼儿运水的办法。

◆ 请个别幼儿在集体中展示自己的运水方法：“水少的时候，选择了什么工具运水？为什么？”

◆ 根据幼儿的表述，教师在集体记录单中记录：“水少时”适合运水的工具有……（见图三）

图三

2. 对照集体记录单，师幼共同小结。

◆ “在运水游戏中，你们有什么发现？”

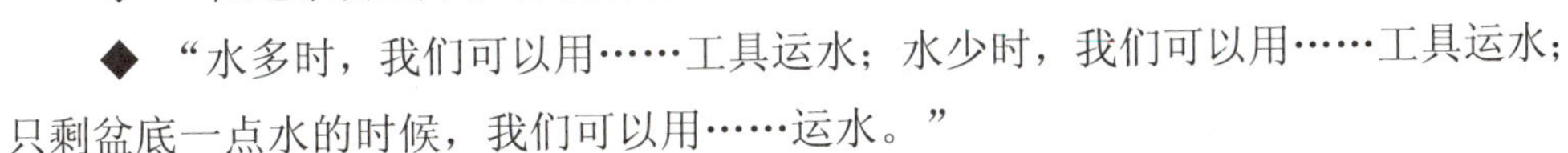

◆ “水多时，我们可以用……工具运水；水少时，我们可以用……工具运水；只剩盆底一点水的时候，我们可以用……运水。”

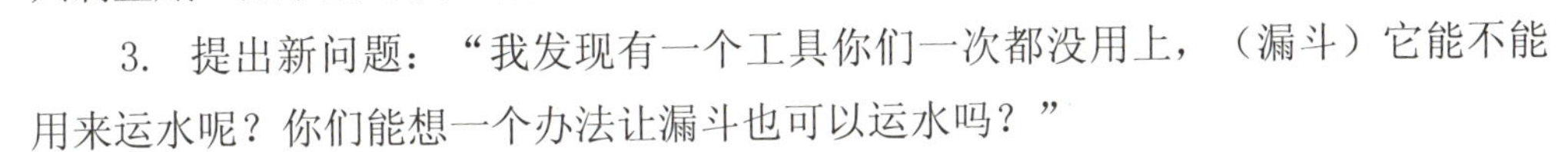

3. 提出新问题：“我发现有一个工具你们一次都没用上，（漏斗）它能不能用来运水呢？你们能想一个办法让漏斗也可以运水吗？”

如幼儿能想出办法，教师可请个别幼儿阐述自己的想法；如幼儿想不出好办法，教师可以鼓励幼儿回家尝试。

★拓展与延伸

1. 科学区域的拓展

提供透明塑料杯、塑料勺、白糖、果珍粉、沙子、面粉、巧克力豆等，幼儿玩溶解游戏，发现哪些物体能溶于水，哪些不能。还可以提供漏斗等工具，让幼儿探索如何让这类工具也能运水。

2. 相关领域的拓展

生活区：游戏“水中取物”。提供筷子、小石子、玻璃球等物。幼儿练习用筷子取出水中的物体，发展手眼协调能力。

美工区：提供毛笔，尝试蘸水在水泥地上作画。

3. 家庭与园外活动

在家中，家长也可提供玩水材料给幼儿游戏，游戏后请幼儿使用抹布、小拖把等工具清理玩水场地，学习简单的劳动技能。

（刘 田）

活动四：运一杯水

★目标与能力

1. 观察水在水管中流动的现象，知道水流动的方向是从高处流向低处。

2. 尝试与同伴合作，共同进行运水活动。

3. 愿意在集体中讲述自己操作的过程。

★资源与材料

1. 经验准备：有玩水的经验，知道水会流动。

2. 物质材料：

幼儿用

◆ 画有水位标记的杯子2个：1个空杯，1个盛有水（见图一）

图一

◆ 桶、漏斗、透明水管（4米左右）每组各1个

◆ 幼儿空白记录单人手1张

◆ 记录笔人手1支

◆ 场地上贴两条红色短线表示起点和终点，两线之间距离4米左右

3. 参与人数：分组教学，18人以内。

★过程与活动

一、问题导入

1. 提出运水的任务：“今天我们要进行运水比赛，用这根长长的水管将一杯水运到对面。”

游戏要求：起点（红线）放置一杯水，终点（红线）放置一个空杯子。看哪组小朋友最先把水运到对面的空杯子里，不能把水洒出。

活动将水的流动性自然地转化为幼儿可以操作的游戏，较好地体现了教学活动游戏化这一特点。同时，活动以问题为出发点，支持和鼓励幼儿在游戏的过程中积极动手、动脑解决问题，充分发挥幼儿参加活动的主动性。

2. 引导幼儿思考：“怎样才能把这杯水全部运过去？你有什么好办法？”

教师出示运水工具（桶、漏斗、透明水管），幼儿自由结伴组成四人小组，小组成员相互商量、设计自己的实验方法。

3. 幼儿在记录单上记录自己的实验方法。

教师：“你准备怎样把水运过去？请把你设想的实验方法记录在记录单上。”

4. 小组间相互交流各自的想法。

二、初步探究

1. 幼儿操作。

四人一小组，选择相应的活动场地进行操作实验。

2. 观察幼儿的操作，引导幼儿想办法把满满一杯水运到对面的空杯子中。

透明的水管和带有淡淡颜色的水，可以帮助幼儿清晰地观察到水在水管中的位置，以及水流动的方向。通过不断调整水管的高度，幼儿能够从透明的水管中清晰地观察到水总会流向低矮之处。

3. 探究过程中，关注幼儿操作的方法，重点观察幼儿如何解决水在流动过程中倒流的问题。鼓励幼儿思考运水成功或失败的原因，引导每组幼儿根据运水的情况不断调整自己小组的操作方法。

三、交流沟通

1. 幼儿分小组汇报操作过程与结果，以及所遇到的困难。

◆ “你们是怎样把水运过去的？”

◆ “一杯水全部运过去了吗？为什么会有部分水运不过去呢？”

◆ “运水的过程中遇到什么困难吗？”

图二

2. 针对幼儿活动中遇到的困难，进行集体讨论，如无法让水向指定的方向流动等等，引导幼儿讨论这些问题的解决方法。

四、再次探究。

1. 幼儿再次操作。

再次尝试运水，要求幼儿将整杯水运到对面的空杯中（如图二）。

2. 在操作中，教师重点指导幼儿观察水的流动方向，引导幼儿思考如何调整水管的高度才能将管子中的水全部运往对面的空杯子中，不能留在水管中。

合作游戏是这个活动非常突出的一个特点。合作游戏中，有些幼儿能够表现出很好的协调、合作能力，有些幼儿则有些手足无措。在活动中，教师应该给予幼儿足够的空间去彼此协调、彼此适应，让幼儿在实践中学会合作。

五、经验分享

1. 幼儿分组交流。

“你们小组是怎么分工的？一杯水有没有运过去？在运水的过程中遇到了什么困难？大家是怎么办的？”

图三

2. 针对操作中幼儿遇到的问题，共同讨论解决的方法（见图三）。

3. 在交流讨论中，引导幼儿感受水流动的方向。

“在运水过程中你发现了什么？水是怎么流的？你们怎样做才能让水流到对面去？”

4. 针对幼儿合作的方式进行交流，请幼儿介绍自己的小组是怎样分工、合作的，学习小组合作的好方法。

★拓展和延伸

1. 科学区域的拓展

教师将材料提供在科学区域中，让幼儿进行反复的实验操作，让幼儿通过透明水管观察水流动的方向。

2. 相关领域的拓展

美术区提供颜料流淌画，让幼儿体会液体颜料从高处流往低处这一特性。语言区提供有关水的谜语，帮助幼儿进一步巩固对水的特性的了解。

3. 家庭与园外活动

家长带领幼儿观察喷泉、瀑布，在欣赏自然景观的同时观察水从高处流往低处这一现象。

（赵晓丽）

活动五：冰块进杯

★目标与能力

1. 感受冰块的坚硬、不易改变形状、遇热会变成水的特性。

2. 能独立思考解决问题的方法，并大胆尝试。

3. 积极动手操作，体验游戏的乐趣。

★资源与材料

1. 经验准备：在日常生活中见过冰。

2. 物质材料：

幼儿用

◆ 大而薄的冰块，长宽要大于杯口（厚度在 1 厘米以内，便于幼儿改变形状）

◆ 小杯子（杯口直径在 5 厘米以内）盘子人手 1 个（见图一）

◆ 不锈钢勺子、筷子、塑料刀、玩具等摆放在小组活动的桌子上（见图二）

图一

图二

3. 参与人数：全班。

★过程与活动

一、问题导入

1. 出示冰块和杯子，引出问题："这是什么？它能放到杯子里吗？为什么？"

2. 幼儿自由交流自己的想法。

二、初步探究

1. 幼儿尝试将冰块放进杯子里。

"请你试一下，能不能将冰块放进杯子里？"

> 在操作过程中，幼儿会发现要想把冰放进小杯子中确实有点困难，因为冰太坚硬了，不容易改变形状。而活动目的正是通过游戏，让幼儿切身感受到冰坚硬、不易改变形状这些特性。

2. 幼儿操作。

三、交流沟通

1. 回顾操作过程，引导幼儿讨论："冰块能够放进杯子里吗？为什么放不进去？"

2. 思考将冰块放进杯子的方法："怎样才能让冰块放进杯子中？你有什么好办法？"

3. 幼儿相互交流自己的想法。

> 教师要为幼儿提供足够的空间和时间去探究，鼓励每位幼儿根据自己的想法来完成任务，充分发挥幼儿的自主性。

四、再次探究

1. 出示工具，幼儿再次尝试。

出示不锈钢勺子、筷子、塑料刀、玩具等工具："请你再来试一试把冰块放进杯子里，也可以使用这些工具来帮忙。"

> 活动中幼儿会显示出较强的合作能力和协作精神。在无法独立完成任务时，幼儿常常会请求同伴一起想办法来解决问题，分享成功的快乐，学习变成了愉快的游戏。

2. 操作过程中，支持和鼓励幼儿用自己的方法将冰块放进杯子里。关注幼儿解决问题的不同策略。

◆ 对于操作有困难的幼儿，教师可以启发思考："为什么会这样？有什么办法可以让冰块变得小一点？"

◆ 对于操作失败的幼儿，教师可以引导他们交流操作中遇到的困难，让幼儿共同寻找解决的办法。

◆ 对于成功的幼儿，教师鼓励幼儿谈一谈："你是怎么做的？为什么这样就可以将冰块放进小杯子中？"引导幼儿回顾自己的探究过程，感受冰块的特性。

Love

活动中幼儿解决问题的方式会存在很大的差异。有些幼儿能够很快想出办法，而有些幼儿则表现为犹豫不决。针对幼儿的这些差异，教师要给幼儿足够的空间和时间，鼓励幼儿按照自己的方式去参与探究活动。对于模仿他人操作的幼儿，教师也不要强加干涉，因为向同伴学习也是幼儿的一种学习方式。

五、经验分享

与幼儿共同交流"把冰放进杯子中"的方法，引导幼儿在交流中分享自己的经验和发现。

◆ "你把冰放进杯子里了吗？你是怎么做的？"

◆ "最后把冰放进杯子里时，冰还像原来那么大吗？"

◆ "水和冰谁更容易放进杯子中？为什么？"

★拓展和与延伸

1. 科学区域的拓展

教师将材料提供在科学区域中，让幼儿反复实验操作。教师也可以提供透明玻璃杯，将冰块放入其中，在操作中幼儿会发现冰块在自然环境中可以自己融化，体积变小。同时，让幼儿关注冰块在融化过程中的现象，如杯壁会变冷，杯壁上有小水滴凝结的现象等等。

2. 相关领域的拓展

语言区提供《雪孩子》的故事供幼儿阅读。

3. 家庭与园外活动

家长和幼儿一起在家中制作冰块，观察水变成冰的奇妙现象。冬季时，家长可以带领幼儿观察户外自然形成的冰挂，或者在冰面上做溜冰游戏，让幼儿充分感受冰的特性。

（赵晓丽）

中班活动 7

系列活动：磁铁

★概念与背景

磁铁是一种可以相互吸引或相互排斥的物质。磁铁两端的磁力特别强，我们称为磁极。不同磁铁，磁力会有所不同。 磁力具有穿透性，在不同的物质中磁力的穿透能力也各不相同。

磁铁对于中班幼儿来说并不陌生，在日常的生活中幼儿时常会接触到磁铁。在他们的眼中，磁铁有着神奇的力量。正因为幼儿对磁铁的喜爱和好奇，我们开展了“磁铁”系列活动，让幼儿在亲身的操作中，发现并了解磁铁的特性，建立有关磁性原理的粗浅概念，逐步探索磁铁的奥秘。

活动一：磁铁能吸什么

★目标与能力

1. 初步了解磁铁具有磁性，能吸住铁质物品。
2. 尝试用标记记录自己试验的结果。
3. 能与同伴交流自己的观察发现。

★资源与材料

1. 经验准备：幼儿对物品的材质有初步的了解。
2. 物质材料：

◆ 教室中多提供铁质的各种物品及玩具。

教师用

◆ 实物投影仪 1 台

◆ 小铁夹、回形针、小铁珠、毛根、晒衣服的木夹（上面有铁丝）、铁环片、纸蝴蝶、积木、塑料纽扣、海绵、黑豆、石头各 1 个（见图一）

幼儿用

◆ 操作材料同图一。

◆ 各种物品，材料分类摆放在后面的操作区（见图二）。

◆ 磁铁，记录单（见图三）、铅笔人手 1 份，放在椅背上的布袋里。

◆ 小碗人手 1 个，放在桌上。

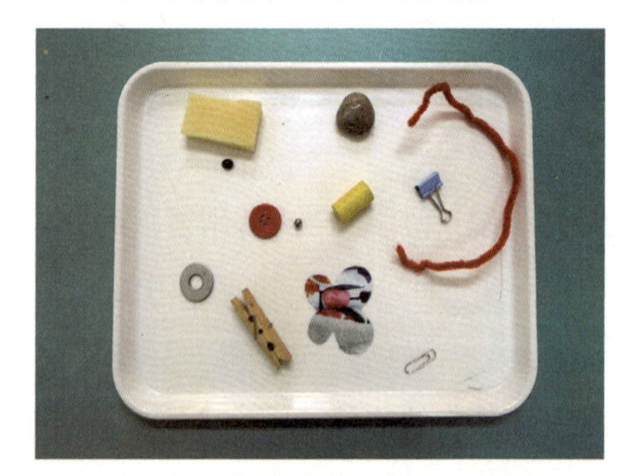

图一

图二

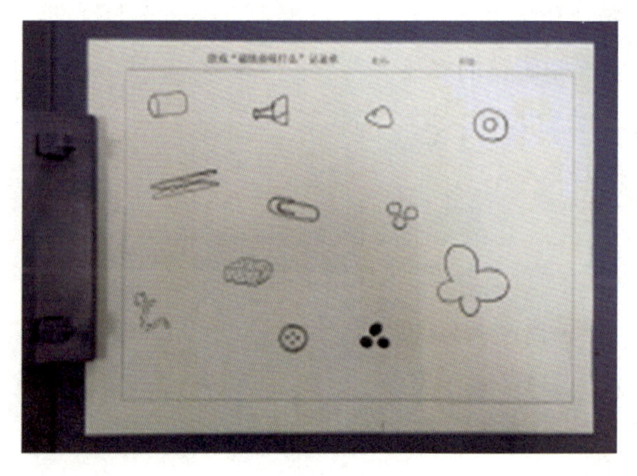

图三

3. 参与人数：全班。

★过程与活动

一、问题导入

1. 出示磁铁，幼儿交流对磁铁的认识：“你们认识它吗？它有什么本领？磁铁会吸住哪些东西？”

2. 出示操作材料，幼儿进行辨认并说出物体名称。

二、初步探究

1. 挑选能够被磁铁吸住的物品。

提出操作要求：“请小朋友看一看、找一找，把你认为能被磁铁吸住的东西拿到自己的小碗里，每种东西拿一个。”

2. 幼儿相互交流自己的猜测，并说出理由。

“谁来告诉大家你选了哪些材料？你怎么知道它会被磁铁吸住呢？”

3. 验证自己的猜测，发现可被磁铁吸住的材料。

“请小朋友从布袋中拿出磁铁，用它吸一吸你挑选的材料，看看是不是都能被磁铁吸住。然后去后面（材料区）把你没有挑选的材料也用磁铁吸一吸，看看是不是和你想的一样，都是吸不起来的。最后，把磁铁能吸住的材料各拿一个放在小碗里。”

幼儿在操作时，教师鼓励他们用磁铁将每种物品都试一试、吸一吸。

4. 幼儿记录试验结果。

出示记录单，提出操作要求：“记录单上画着我们试过的所有物品，请你给能被磁铁吸住的物品做上标记，让大家一看就知道你找到了哪些东西是可以被磁铁吸起来的。”

幼儿给可以被磁铁吸起来的物体做标记。

在记录过程中，有些幼儿会用圈将被吸起的物品圈起来，有些幼儿会打钩表示能够被吸起等等。教师应该鼓励幼儿用多种方式进行记录。

三、交流沟通

1. 交流磁铁可以吸住哪些材料。

展示幼儿记录单，引导幼儿相互交流：“这个小朋友找到的哪些东西是可以被磁铁吸住的？你们是怎么知道的？他做了什么样的标记？”“谁还有不同的发现？

画了什么标记来表示？”

2. 讨论能被磁铁吸起的物体的材质。

“请小朋友看一看，这些被磁铁吸住的东西都是什么材料做的？没有被磁铁吸住的有哪些东西？磁铁为什么吸不住它们呢？”

在这个环节中，教师不仅要引导幼儿交流试验的结果，也要引导幼儿相互学习不同的记录方法。

四、再次探究

1. 寻找教室中可以被磁铁吸住的物品。

“在我们的周围还有没有可以被磁铁吸住的东西呢？请小朋友带着你的磁铁在教室里找一找、试一试，看看你还有哪些发现。”

幼儿在操作过程中，教师应提示幼儿注意安全，并避开容易被磁化的物品，如插座、钟、电视、手表等。

2. 幼儿自由探究。

五、经验分享

1. 幼儿相互交流各自的发现。

2. 小结：磁铁可以吸住铁质物品。

★拓展与延伸

1. 科学区域的拓展

提供磁铁和各种材质的物品，让幼儿操作并进行分类；还可以提供各种磁铁玩具，引发幼儿继续探究磁铁的兴趣。

2. 相关领域的拓展

在语言区，提供有关磁铁的图书，帮助幼儿获得有关磁铁的信息。

3. 家庭与园外活动

家长与幼儿共同收集各种可被磁铁吸住的物品，在寻找的过程中可以和幼儿共同讨论物体的材质，最后可用磁铁进行验证。

（钱 莉）

活动二：磁力的穿透性

★目标与能力

1. 发现磁铁隔着物体也能吸起回形针，感受物体的厚薄对磁铁磁力的影响。

2. 大胆描述操作过程中观察到的现象。

3. 在交流过程中能倾听同伴的讨论。

★资源与材料

1. 经验准备：幼儿玩过磁铁，知道磁铁能吸住铁质的物品。

2. 物质材料：

教师用

◆ 集体记录单（见图一）

◆ 实物图标 2 套，背后贴有磁铁（见图二）

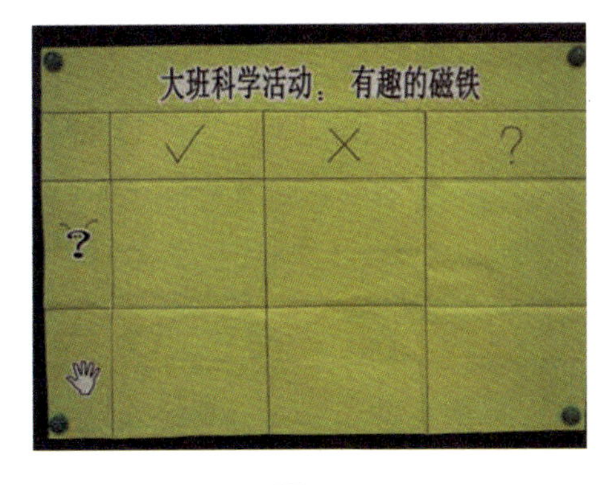

图一

图二

◆ 可打开的纸盒 1 个（内放 1 块磁铁）、回形针若干

◆ 小毛巾、塑料圆盘、纤维木板、卡纸各 1 份

◆ 实物投影仪 1 台，磁性黑板、泡沫板各 1 块

幼儿用

◆ 长条磁铁人手 1 块

◆ 回形针若干

◆ 小毛巾、塑料圆盘、纤维木板、卡纸若干（每组放 1 种材料）

3. 参与人数：全班。

★过程与活动

一、问题导入

1. 游戏引出话题。

“我这里有一个神奇的纸盒子，如果把它放在回形针的上面，你们猜会发生什么事情？”幼儿猜测后，教师在实物投影仪下操作，将盒子放在回形针上方，然后慢慢提起，让幼儿仔细观察：“大家看到了什么？”（回形针被盒子吸起来了）

在幼儿充分表达自己的观点之前，教师不要急于揭秘，要给予幼儿思考和回答的时间。

2. 提问：“为什么回形针会被纸盒子吸起来？”幼儿猜测后，教师打开盒子揭秘。

3. 进一步提问：“磁铁放在盒子里，没有碰到回形针，怎么也能把回形针吸起来呢？”

提出这样的问题是引发幼儿的思考，教师不要追求答案的合理性与准确性。

二、初步探究

1. 提出问题，幼儿预测。

“磁铁隔着盒子能吸住回形针，那隔着其他的材料还能不能吸起回形针呢？”幼儿猜测后，教师出示材料：“看看这里有什么？”（纸、盘子、毛巾、木板）“磁铁隔着一张纸、一块毛巾或是一个盘子、一块木板，还能吸起回形针吗？”

为了便于幼儿操作与观察，教师在桌面上用贴出的方格代替盘子，将回形针放入其中，幼儿操作时材料可以直接接触到回形针，避免因盘子边缘的高度影响磁铁的吸力和遮挡幼儿俯身观察的视线。

2. 幼儿表述自己的预测，教师用实物标记在集体记录单“问号”栏进行记录，并请幼儿阐述理由。

3. 幼儿分组操作，仔细观察回形针被吸起来的现象（见图三）。

图三

三、交流沟通

1. 幼儿相互交流自己实验的结果，教师用实物标记在集体记录单“小手”一栏里进行记录。

2. 针对幼儿有争议的结果，教师借助实物投影仪进行集体验证。

3. 小结：磁铁是可以隔着这些物体把回形针吸起来的。

四、再次探究。

1. 提出问题：“如果将纸折叠，一层变两层，磁铁还能隔着它们吸住回形针吗？”幼儿预测后，教师示范。“如果再次折叠，变成四层还能吸住吗？”

2. 提出进一步探究问题：“请小朋友再去试一试，这些材料层数变多之后，磁铁还能像原来那样吸住回形针吗？”幼儿再次分组操作，教师指导幼儿仔细观察：随着隔着物体层数的变化，被吸起来的回形针数量的变化。

> 幼儿对“吸”住回形针会有不同的看法：有的认为只要动一下就是吸，而有的认为离开桌面才是吸……因此，在交流的过程中师幼应达成共识，用统一的标准来判断。

五、经验分享

1. 幼儿交流实验的结果，并进行验证。

2. 讨论：“大家在活动中有什么发现？当隔着的物体只有一层时，被吸起的回形针怎么样？当隔着的物体层数增加时呢？当层数再增加时呢？”

感受当隔着的物体变得越来越厚的时候，吸起的回形针也就越来越少；太厚的时候，回形针就吸不起来了。

3. 拓展磁铁穿透性在生活中的运用。

“大家知道在我们的生活中，什么时候需要用到磁铁的这种本领？”

★拓展与延伸

1. 科学区域的拓展

可以继续在科学区中提供其他材质的物品，让幼儿继续感知磁力的穿透性；也可以引导幼儿观察磁铁吸住铁质物品的位置，从而发现磁铁两极的吸力最大。

2. 家庭与园外活动

家长可以带孩子在家中玩磁铁的游戏，利用家中现有的材料，让磁铁隔着材料吸铁质的物品，发现磁力的变化。

（沈洪洁）

活动三：磁铁的磁力

★目标与能力

1. 在操作过程中发现长条形磁铁的两端磁力最强。
2. 能用绘画的方式记录所观察到的现象。
3. 在交流活动中能倾听同伴的讨论并说出自己的发现。

★资源与材料

1. 经验准备：有玩磁铁的经验，知道磁铁可以吸起铁质品。
2. 物质材料：

教师用

◆ 长条形磁铁、环形磁铁及马蹄形磁铁各 1 块

◆ 回形针、螺丝、长尾夹若干

◆ 实物投影仪 1 台

幼儿用

◆ 长条形磁铁（长约 7 ～ 8 厘米）人手 1 块

◆ 回形针若干、小号黑色长尾夹若干、小螺母若干

◆ 记录单（见图一）、记录笔

幼儿记录单

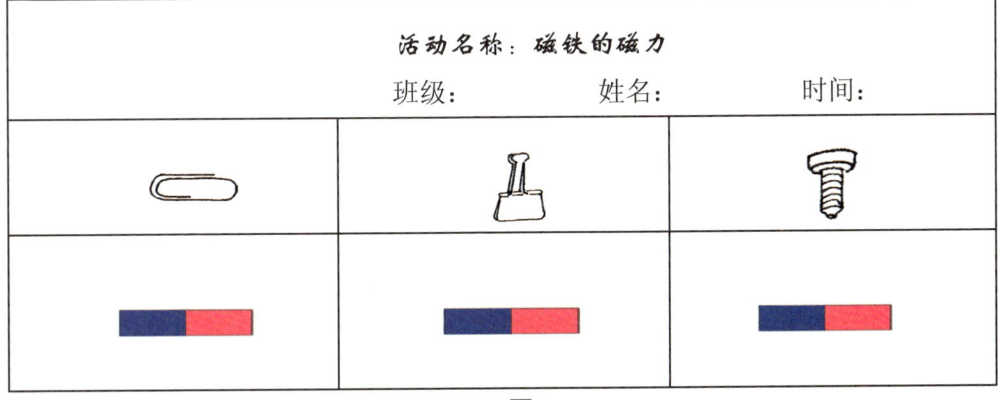

活动名称：磁铁的磁力 班级：　　姓名：　　时间：		

图一

3. 参与人数：分组教学，20 人以内，4 人为一小组。

★过程与活动

一、问题导入

出示长条形磁铁："这是什么？它有什么本领？可以吸起什么？"

这个环节是帮助幼儿回顾有关磁铁的已有经验，教师尽可能为更多的幼儿提供表达的机会，以激发他们参与活动的兴趣。

二、初步探究

1. 观察磁铁吸引回形针的现象。

拿出一个回形针："如果把这个回形针竖在磁铁的中间，手轻轻松开，会有什么有趣的现象发生呢？"幼儿自由猜测，引发探索的兴趣。

教师在提出问题的同时在长条磁铁上方演示回形针摆放的位置，但不要松手，引发幼儿进行猜测。

2. 幼儿操作。

操作中，教师引导幼儿慢慢松手，仔细观察回形针从磁铁中间位置向两边移动的现象。

三、交流沟通

1. 幼儿相互交流自己的发现："你们看到什么现象？回形针怎么了？被吸在哪里了呢？"

2. 在投影仪下，师幼再次进行操作，仔细地观察所发生的现象。

得出结论：回形针放在磁铁的中间，手一松，回形针会跑到磁铁的两端。

四、再次探究

1. 观察长条形磁铁吸各种铁质物品时的现象。

回形针、长尾夹、螺丝在被磁铁吸附时会呈现出各异的状态：长尾夹和螺丝由于较重，在被磁铁吸起时，是“簇拥”或“悬挂”在磁铁的两头；回形针轻，被吸起时，有的像荡桥呈圆弧状，有的却像两条长链子一样挂在磁铁的两头（见图三）。但无论是哪种材料，都是被牢牢吸在磁铁的两头。

出示回形针、长尾夹、螺母，提出问题：“这里还有许多回形针、螺母和长尾夹。如果用磁铁来吸这些东西，也会像回形针那样，只有两端可以吸住它们吗？”

“你们可以拿一个试一试，也可以拿许多个试试，然后把你们看到的现象记录在这张表格上。（见图二）”

2. 幼儿操作，然后在记录单上用画图的方式将看到的现象进行记录。

图二

五、经验分享

1. 鼓励幼儿结合记录介绍自己的发现：“当用磁铁吸长尾夹、螺母时，你看到了什么现象？”

2. 利用投影仪，根据幼儿的描述一一演示并验证磁铁吸起长尾夹、回形针、螺母的现象。

3. 提出问题，引发讨论：“无论是长尾夹、回形针、螺母，它们都被长条形磁铁吸在哪个位置？为什么都被吸在两头呢？”

最后一个问题是引发幼儿新的思考，可让幼儿简单交流自己的猜测而不用做试验进行验证。

4. 出示环形磁铁及马蹄形磁铁："如果用这两种形状的磁铁来吸这些东西，又会有什么现象呢？"

★拓展与延伸

1. 科学区域的拓展

在科学区域提供一些其他形状的磁铁，马蹄形的、环形的，有红、蓝两种颜色的、没有颜色的，请幼儿逐一测试这些磁铁不同部位的磁力，探究是否所有磁铁不同部位的磁力都有强有弱。

2. 相关领域的拓展

在数学区提供长条形磁铁和回形针，可以请幼儿数一数磁铁吸住的回形针的数量。

3. 家庭与园外活动

请家长协助幼儿在家中寻找磁铁，说说磁铁在生活中的作用。

（周 悦）

活动四：会悬空的磁铁

★目标与能力

1. 通过操作实验发现磁铁同性相斥、异性相吸。
2. 探索磁铁悬空的操作方法并进行记录。
3. 能与同伴分工合作、仔细观察。

★资源与材料

1. 经验准备：幼儿对磁铁的特性有初步的认知，知道磁铁不但能吸住铁质物品，而且两块磁铁间也可以互相吸引。

2. 物质材料：

教师用

◆ 长条形磁铁（一半蓝色、一半红色）

幼儿用

◆ 长条形磁铁人手 1 块

◆ 按照 2 人一组准备以下材料（见图一）：环形磁铁（一面蓝色、一面红色）每组 2 块；用粗吸管、橡皮泥组合制作的底座，每组 1 份；以上材料均放入 A4 纸大小的白色托盘中。

◆ 幼儿记录单（见图二）、记录笔每人 1 份

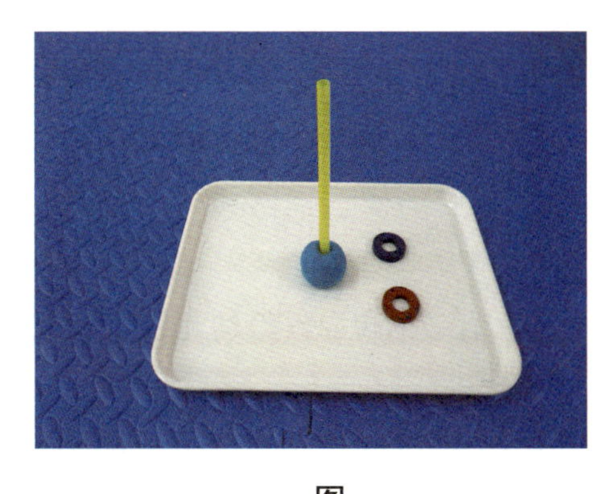

图一

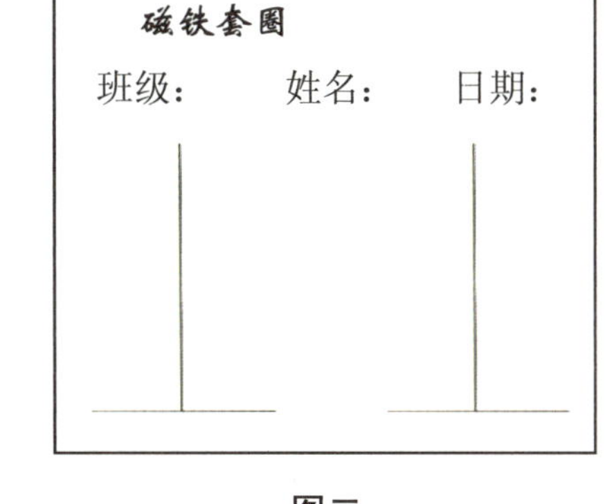

磁铁套圈

班级：　　姓名：　　日期：

图二

3. 参与人数：分组教学，20 人以内，2 人为一小组。

★过程与活动

一、问题导入

1. 师幼共同玩“磁铁找朋友”的游戏。

教师、幼儿手上各拿一块条形磁铁。教师边走动边念儿歌：“走呀走，游呀游，磁铁要找好朋友。”说完，教师用磁铁触碰幼儿手中的磁铁。游戏反复几次。

在玩游戏时，教师要做一些调控，多与几名幼儿互动，保证有的磁铁可以相吸，有的不能相吸。

2. 提出问题，引发集体讨论：“当我们玩磁铁找朋友的时候，是不是每一次都能让两块磁铁吸在一起？什么情况下磁铁能找到好朋友，相互吸在一起？什么时候找不到朋友，相互吸不起来呢？”

如果幼儿没有发现其中的原因，教师可以再次游戏并提示幼儿注意观察。

二、初步探究

1. 游戏：磁铁套圈。

出示操作材料。“今天，我们要玩一个磁铁套圈的游戏。一个小朋友扶住吸管底座让它平稳不歪斜，另一个小朋友拿一块环形磁铁套在吸管上，让它滑落下去，然后再套第二块环形磁铁。看看你们能有什么发现？”

当环形磁铁保持水平，上面的磁铁会因为相斥的原因依托吸管的力量呈悬浮状。因此，操作时一定提醒幼儿保持底座的平稳。

2. 幼儿2人一组进行操作。

三、交流沟通

1. 提出问题：“你们在操作的时候发现了什么有趣的现象？”幼儿相互交流操作过程中的发现。

2. 在交流过程中，教师重点请幼儿在集体中展示操作中的不同现象，引起幼儿的关注。

3. 进一步提出问题：“什么时候两块磁铁会吸在一起？什么时候两块磁铁不会吸在一起？如果用手往下压上面那块悬空的磁铁，它还会吸在一起吗？压的时候又会有什么感觉？”

四、再次探究

1. 制作“会悬空的磁铁”。

“请小朋友再来玩玩套圈的游戏，看看你能做出悬在空中的磁铁吗？”请幼儿反复操作，教师重点引导幼儿观察如何放置磁铁才能让第二块磁铁悬在空中不落下；如何放置两块磁铁，它们会紧紧地吸在一起。

> 磁铁悬空的现象会引起幼儿极大的好奇心。再次探究时，幼儿可能会与邻座的同伴一起来将更多的磁铁套入吸管，教师应鼓励幼儿大胆尝试。在反复的操作中，幼儿会很快发现磁铁悬空的秘密。

2. 请幼儿把观察到的现象记录在记录单上。

五、经验分享

1. 幼儿之间相互交流：“什么时候两块磁铁会吸在一起？什么时候磁铁会悬空？”（见图三）

2. 请个别幼儿上来介绍自己的记录单：“你有哪些发现？你是怎样记录观察到的现象的？”

图三

3. 结合操作进行总结。

环形磁铁两面有两种不同颜色，一面是红色，一面是蓝色。当两块磁铁颜色相同的面靠在一起时，会有一股力量把它们互相推开，我们叫它“相斥”。但是两块磁铁不同颜色的面靠在一起时，就会有一股力量把它们互相吸引住，我们叫它“相吸”。

4. 提出问题引发思考：“如果要让4块环形磁铁套在一根吸管上，让它们相互之间不被吸住，而是像弹簧一样在吸管上弹跳，你们知道该怎么做吗？”

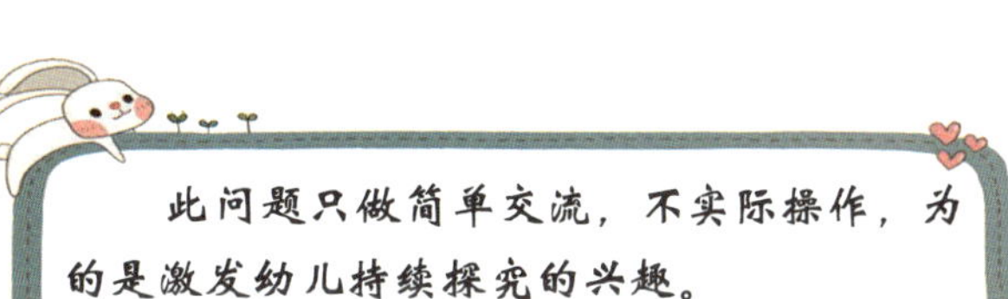

> 此问题只做简单交流，不实际操作，为的是激发幼儿持续探究的兴趣。

★拓展与延伸

1. 科学区域的拓展

尝试将4块环形磁铁套在一根吸管上，让它们相互之间不被吸住，而是像弹簧一样在吸管上弹跳。让幼儿通过反复的操作熟练掌握磁铁的两极特点，巩固已有的经验。

提供给幼儿一块涂有颜色的环形磁铁，请他们试着分辨出另一块没有涂色的环形磁铁的两极，用红色和蓝色不干胶贴纸标记出来。可以请幼儿分组操作，换组检验。

提供给幼儿一块涂有颜色的长条形磁铁，请他们试着分辨出另一块没有涂色的条形磁铁的两极，用红色和蓝色不干胶贴纸标记出来，操作方法同上。

2. 相关领域的拓展

在语言区提供科学绘本阅读《有趣的魔术——认识磁力》，帮助他们进一步巩固对磁铁特性的了解。

3. 家庭与园外活动

家长带孩子共同玩有关磁铁的小游戏，帮助幼儿巩固对磁铁特性的认识。

（周　悦）

大班活动 1

看谁跑得快

★概念与背景

玩具汽车一直是幼儿非常喜爱的玩具。他们常常在两车对抗、从高处猛冲下来的游戏中获得乐趣，偶尔也会因为游戏时的规则问题而引发争执。经过认真的观察与思考，我们发现这个常见的、幼儿乐此不疲的游戏中蕴含着很多科学教育的元素，如坡度与下滑速度的问题、摩擦力的问题、正确比赛方法的问题等等。针对大班幼儿已有的经验和认知的能力，我们选择了坡度与下滑速度的问题进行讨论研究，并在研究的过程中自然渗透正确的比赛方法。

★目标与能力

1. 感受坡面高度与汽车下滑速度的关系，学会按正确的方法比较汽车下滑速度的快慢。
2. 探索比较玩具汽车下滑速度的正确方法。
3. 能与同伴合作进行比赛。

★资源与材料

1. 经验准备：有玩玩具汽车、滑滑梯的经验。
2. 物质材料：

图一

教师用

◆ 铺有棉布的汽车跑道1个、玩具小汽车1辆

幼儿用

◆ 玩具小汽车人手1辆

◆ 汽车跑道（见图一）、方形积木若干

◆ 装汽车玩具的小篓子2个、装积木的篓子4个

3. 参与人数：分组教学，18人以内。

★过程与活动

一、问题导入

1. 出示小汽车，创设问题情境："小朋友，你们看这是什么？你们玩过玩具汽车吗？怎样才能让这辆玩具汽车向前跑起来呢？"

幼儿相互交流各自的方法。

2. 小结："无论是用手推还是用脚踢、用嘴吹，都是给了玩具汽车一个外在的力量，在外力作用下，汽车玩具就可以向前跑。"

3. 提出新问题，引发幼儿思考："有什么办法不用力气，也能让玩具汽车自己向前跑起来呢？"

4. 幼儿相互交流各自的想法。

二、初步探究

1. 提供跑道和积木："这里有一些积木和车道，大家看看能不能帮助小汽车自己向前跑呢？"

2. 幼儿自由搭建并进行操作。

3. 幼儿操作的过程中，教师不仅鼓励每个幼儿投入到活动中来，还要关注幼儿解决问题的方法与策略。

三、交流沟通

1. 幼儿相互交流自己的操作方法与想法。"你们是用什么方法让小汽车自己向前跑起来的呢？只要搭个斜坡就行吗？"

2. 请个别幼儿在搭建的坡道上进行操作实验，以验证“坡道可以让汽车自己跑起来”的说法是正确的。

3. 教师自己用一块积木搭建一个很矮的坡道进行操作（见图二），引导幼儿观察：“只要是坡道汽车就能自己往前跑吗？为什么我的坡道就不行呢？”

图二

4. 幼儿针对问题阐述自己的观点后，教师进一步提出问题：“要想让玩具汽车自己往前跑，到底需要一个怎样的坡道？”

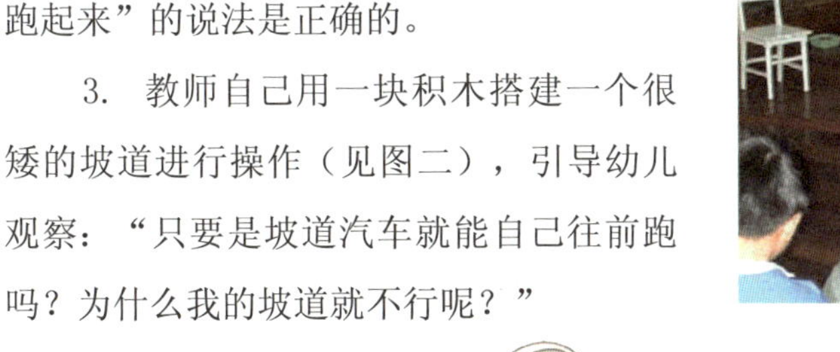

教师有意识地将低矮坡道展现出来，引导幼儿关注坡道的高低对汽车滑行状态的影响。

5. 师幼共同小结：要想让玩具汽车自己往前跑，需要搭建一个有一定高度的坡道，低矮、平缓的坡道不行。

四、再次探究

1. 提出问题：“搭了这么多的坡道，是不是在每个坡道上小汽车下滑的速度都一样呢？你觉得会有什么不同？哪个快，哪个慢？怎么证明你们的想法是对的呢？”幼儿相互交流自己的想法。

2. 讨论比较的方法。

◆ 当幼儿表示要将两个坡道放在一起进行比较时，教师将两个坡道一前一后靠拢放（故意将矮的放前，高的在后），并请一名幼儿上来配合共同操作，引导幼儿讨论：“在哪个坡道上的玩具汽车跑得快？你觉得这样做公平吗？为什么？”

◆ 教师根据幼儿提出的意见将两个跑道对齐，但故意在矮的跑道上将玩具汽车放在跑道中段比赛，当幼儿提出异议时追问：“你们为什么说不公平呢？怎样做才算公平呢？”

Love

以上两个讨论，教师展示的是起点不一致的问题，目的是引导幼儿通过对问题的讨论，明确比赛需要起点统一（跑道起点一致，汽车在跑道上出发点位置一致）才公平。

◆ 教师故意让矮跑道上的玩具汽车提前出发，当幼儿提出异议时追问："怎么又不公平了呢？你们说怎样比赛才算公平呢？"教师引导幼儿总结出：坡道并排放，小汽车放在同一起点时要同时放手（数1、2、3，当数到3时再放手），不能用力气。

通过展示错误的比赛操作，引导幼儿明确比赛时需要参赛汽车同一时间出发，不能有先有后。只有掌握了正确的比赛方法，才能进一步去探究坡度的高度对汽车下滑速度的影响。

3. 提出操作要求："请小朋友两人一组，搭建一高一矮两个坡道，进行比赛，看看到底是高的坡道快还是矮的坡道快，记住要用公平的比赛方法。"

4. 在幼儿操作的过程中，教师重点关注幼儿比赛的方法是否正确。

五、经验分享

1. 幼儿相互交流操作的结果。

"你们比赛的结果是什么？这说明什么？"

2. 请一组幼儿展示比赛的过程，引导幼儿观察他们比赛的方法是否符合要求并验证实验的结果。

3. 师幼共同小结：坡道高的汽车下滑的速度快，坡道低的汽车下滑的速度慢。

4. 出示铺有棉布的坡道，引出新的问题："如果换成这样的坡道，它还会赢吗？你是怎么想的？下次我们再来研究这个问题。"

★拓展与延伸

1. 科学区域的拓展

给幼儿提供铺有棉布的坡道和不铺棉布的两种坡道，引导幼儿通过操作发现坡道的光滑程度也会影响汽车下滑的速度。

2. 家庭与园外活动

家长可以在光滑的大理石地面和粗糙的水泥地面上，分别拉着孩子往前跑（孩子无需动脚，只需双脚分开蹲下），让孩子感受不同地面上滑行速度的不同；还可以带着孩子不同坡道上骑小车，感受坡道高度与下滑速度的关系。

（吴 岚）

大班活动 2

小浣熊找洞

★概念与背景

容器所能容纳物体的体积就是容积。当容器只有高度不同时，高度越高，装的东西越多，容积也就越大；当容器只有粗细不同时，越粗的容器，装的东西就越多，容积也越大。

大班幼儿已经积累了有关测量的经验，如用自然物测量物体的边长等等。在这样的基础上，如何能进一步激发大班幼儿对测量的兴趣，积累有关容积的经验，我们想到了“洞”。“洞”深不见底，幼儿无法通过视觉判断出洞的深浅与大小，幼儿需要借助材料进行测量才能获得答案。“洞”不仅使活动具有一定的神秘感，又给幼儿的操作增加了挑战性。

★目标与能力

1. 通过观察、测量、比较，发现洞的容量与洞的深浅、粗细有关。
2. 探索测量洞的容量的方法。
3. 能大胆表达自己的观点。

★资源与材料

1. 经验准备：有用自然物进行测量的经验。
2. 物质材料：

教师用

◆ 自制 PPT《洞》，画面内容：一只小熊背着一袋食物走来，看到地上两个圆形的洞口，用小棍丈量洞口发现一样大，画外音——哪个洞装的粮食多呢？

幼儿用

◆ A 纸箱：箱体上开有两个洞（洞口一样大，洞内直径相同，深度不同），其中一个洞口画有小草（见图一、图二），其数量为幼儿人数的一半。

◆ B 纸箱：箱体上开有两个洞（洞口一样大，洞内直径不同，深度相同），其中一个洞口画有小草，其数量为幼儿人数的一半（见图一、图三）。

◆ 较长的材料，如铅笔、长条状玩具、吸管（材料长度超过洞的深度，数量够半数幼儿使用）

◆ 较短的材料，如水彩笔、拼插类玩具（材料长度小于洞的深度，数量够半数幼儿使用）

◆ 颗粒状材料，如板栗、白果各若干

◆ 记录单，2 人一份（见图四）

图一

图二

图三

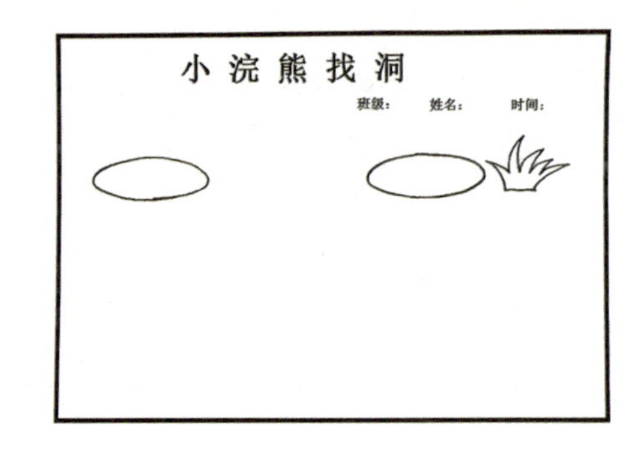

小浣熊找洞

班级： 姓名： 时间：

图四

3. 参与人数：全班。

★过程与活动

一、问题导入

1. 创设故事情境，边播放 PPT 边提出问题。

"冬天来了，小浣熊想找一个深的洞储藏它找到的粮食，因为它觉得深的洞藏的东西多。有一天，小浣熊发现了两个洞，一个洞口长着草，一个洞口光秃秃的。小浣熊找来根棍子，量了量，发现两个洞口一样大，可是哪个洞更深呢？它想钻进去看，可是洞口太小进不去。它趴在洞口朝里看，黑乎乎的什么也看不见。你们有什么好办法可以知道哪个洞深呢？"

> 动画 PPT 的运用，不仅增强了活动的情境性，激发幼儿参与活动的热情，还可以直观地展现问题，介绍操作条件（洞口一样大）。除此之外，画面中用一根小棍分别比较洞口大小的方法也起到了暗示的作用，为幼儿接下来的操作埋下了伏笔。

2. 幼儿相互交流各自的想法。

二、初步探究

1. 提供测量工具，让幼儿观察："这里有一些材料，大家认识吗？看看这些材料能不能帮助我们比较出洞的深浅？"

2. 幼儿自由结伴，两人一组合作测量 A 纸箱："请小朋友两人一组帮助小浣熊找一找哪个洞更深，找到后在记录单上给深的那个洞做上标记，然后请你记下来，你用什么办法知道这个洞比较深的？"（见图五）

图五

3. 幼儿操作并记录，教师重点观察幼儿测量深浅的方法。

面对多种材料，幼儿会想出各不相同的测量方法。例如：利用长条的工具（铅笔、长条玩具和吸管），幼儿直接将其放入洞中就能够目测出深浅的不同。但是要知道每个洞到底有多深，幼儿就得想出在测量工具上做记号的方法进行记录。而短小的材料，幼儿就会想出用拼接的方法将材料加长，然后进行测量。在比较深浅时，只要点数每个洞有几个玩具深即可。测量过程中，教师要关注幼儿解决问题的不同方法，给予支持和引导。

三、交流沟通

1. 幼儿相互交流测量的方法和结果。

"你找到深的那个洞了吗？你用什么方法知道这个洞有多深呢？"

2. 展示记录单，幼儿交流自己操作的方法。

教师要有意识地请使用不同方法的幼儿进行介绍，展示不同的测量方法。如果出现测量结果不同，教师请幼儿用各自的方法在集体中进行操作演示，请大家一起看看，他们找出的洞各有多深，哪个洞更深。

3. 验证深的洞储存的果子多。

"大家帮小浣熊找到了一个深深的洞，是不是深的洞储存的粮食真的比较多呢？谁来试一试？"请幼儿操作验证。将两个洞里分别放上果子，点数每个洞中可以储存果子的数量进行验证。

4. 教师打开A纸箱的侧面向幼儿展示洞的内部结构（深浅）（见图二）。"我们帮助小浣熊找到了一个深的洞来储藏粮食，看看你们找得对吗？"验证幼儿测量的结果是否正确。

Love

在交流分享环节中，当幼儿通过自己的操作得出结论后，教师在幼儿期待的眼神中打开箱子，让幼儿亲眼看到两个洞的差异，验证了幼儿的判断。

四、再次探究

1. 提供B纸箱，提出新问题："小浣熊后来又找到了两个洞，可这两个洞的深浅一样（教师边说边用吸管插入洞中证明给幼儿看），是不是深浅相同的洞装的果子就一样多呢？"

2. 幼儿相互交流自己的观点。

请幼儿说说："你觉得装的果子一样多吗？你是怎么想的呢？"

3. 提出问题："你有什么办法能够知道这两个洞，哪个洞可以储存更多的果子？"集体交流后，幼儿结伴用装果子的方法测量B纸箱。

这样的设计使幼儿在第一次探究的基础上产生了新的探究欲望。在随后的观察比较过程中幼儿会发现，装东西的多与少不仅要看洞的深浅，还要看洞的粗细。判断事物不能仅以一个标准来考虑，而应该多角度地去思考。

五、经验分享

1. 幼儿交流测量的

方法和结果。

“这两个洞哪一个装得东西更多呢？你是怎么知道的？”

2. 讨论：“为什么洞口一样大、深度相同的洞，装的东西却不一样多呢？”幼儿交流自己的想法。

3. 教师打开B纸箱向幼儿展示洞的内部结构，现场揭秘以验证幼儿测量的结果是否正确。

Love

作为科学活动，面对幼儿的操作与判断，不应由教师来直接评判是否正确，也不能仅仅凭借简单的数据就妄下结论，而是应该在恰当的时候向幼儿揭示谜底。只有在亲眼所见的情况下，才能真正解除幼儿心中所有的谜团并获得正确的结论，也只有这样才能引导幼儿养成尊重事实、坚持实证的科学态度。

4. 小结：“小浣熊要谢谢我们的小朋友，两次都帮它找到了装东西多的洞。这下它明白了：当两个洞一样粗时，深的洞装东西多；当两个洞一样深时，粗的洞装东西多。”

教师边呈现已打开的A、B箱子边小结，这样更有利于幼儿的理解。

★拓展与延伸

1. 科学区域的拓展

将两种不同的纸箱放于科学区中，供幼儿继续探究，进一步明确在粗细相同的情况下，深的洞装东西多；在深浅相同的情况下，粗的洞装东西多。教师也可以为幼儿提供在不同平面、多个数量的、不同深浅或不同粗细的洞，增加测量的难度。

2. 相关领域的拓展

在数学区可以提供各种盒子，引导幼儿分别往里面装东西，然后再统计每个盒子里分别装了多少东西，通过数量的对比，比较出哪种盒子的容量大。

3. 家庭与园外活动

家长可以借助家中的器皿引导幼儿感受物体的容积与哪些因素有关。如：只有高矮不同的两个杯子，哪种杯子盛水多？只有粗细不同的两个杯子，哪个杯子盛水多？

（沈洪洁）

大班活动 3

鸡宝宝的遮雨棚

★概念与背景

防水面料是一种新型纺织面料，由高分子防水透气材料加布料复合而成。它能在各种环境下经得住渗水压力，比如雨中行走，跪或坐在潮湿的地面，都不会渗水。

这节活动的灵感来源于幼儿的日常生活。有一次户外活动时，突然下雨了，跑回教室后幼儿发现了一个有趣的现象，有的人衣服湿了，有的人衣服上面虽然有些水珠，但只要抖一抖这些水珠就掉了下来。看着孩子们自发地对材料的防水性能产生了兴趣，我们便设计了此节活动。

★目标与能力

1. 感知布料的防水性，知道有些布料防水、有些布料不防水。
2. 能运用正确的方法观察、比较布料的防水性能。
3. 乐意与同伴交流自己观察到的现象。

★资源与材料

1. 经验准备：有玩水的操作经验，对“防水”有粗浅的认识。
2. 物质材料：

教师用

◆ 洒水壶 1 把、玻璃缸 1 个、酸奶盒子制作的小房子 1 个（见图一）

◆ 场景布置（见图二）

幼儿用

◆ 透明罐子（内置一玩具小鸡）（见图三）、舀水的小杯子、牛奶盒自制的房子人手1个

图一

图二

图三

◆ 各种布料若干：灯芯绒、棉布、涤纶布、呢料布（厚）、无纺布、防水布

◆ 每个小组准备1盆水

3. 参与人数：分组教学，18人以内。

★过程与活动

一、问题导入

1. 设置游戏情境，引发兴趣："鸡妈妈最近遇到一件烦心事，家里的房顶坏了，

眼看就要下雨了，鸡妈妈想找样东西临时遮挡住屋顶，不让雨水漏到屋里淋湿鸡宝宝。你们有什么好办法吗？”

2. 幼儿相互交流后，出示各种布料：“鸡妈妈找到这些材料，你们认识吗？它们有什么不同？你认为哪种材料可以帮助鸡妈妈呢？为什么？”

3. 幼儿观察材料后，说出自己的想法。

二、初步探究

1. 幼儿讨论实验方法。

“有什么办法可以让我们知道这块面料能不能防水呢？”请个别幼儿说说自己的想法并进行演示，引导幼儿集体讨论：“他的方法可以吗？怎么看才知道它能不能防水呢？”

> 刚开始有些幼儿并不是很了解“防水”，不知道什么现象能够表示布料是可以防水的。教师有意识地呈现幼儿的操作，讨论实验的方法，明确观察的重点：防水与否关键要看水有没有从布料上漏下来。

2. 师幼共同讨论操作方法：将布盖在罐子上，用夹子夹住四周进行固定。然后用小量杯向布的上面缓慢倒水，观察水有没有从布的下面滴下来。

> 透明的罐子为幼儿观察布料是否渗水提供了便利。教师要有意识引导幼儿蹲下，从布料的下方去看有没有水滴落下来。

3. 幼儿根据自己的想法，自由选择布料，进行实验。在此过程中，教师要关注幼儿在操作中遇到的共性问题或者好的操作方法，以便交流讨论。

三、交流沟通

1. 幼儿回顾自己刚才实验的方法以及结果。

“大家找到防水的布料了吗？你是怎么做的？”请个别幼儿示范。

> 正确的操作方法是测试防水性的前提。这个环节中，教师要有意识地请操作中出现问题的幼儿进行演示，再一次明确正确的操作方法以及如何从正确的角度观察布料渗水的情况。

2. 教师根据幼儿操作进一步提问：“还有谁也试过这个材料？你是怎么做的？结果和他一样吗？”“刚才大家都只是倒了一小杯水，假如多倒几杯，这块布还会防水吗？”

四、再次探究

1. 提出要求："刚才我们发现有些面料可以防水，有些则不行，有些面料开始似乎是可以防水的，但是过一会儿又会有水渗漏。这次请大家再来试试，如果水多时布料还能防水吗？请你找出一种最防水的面料。"幼儿再次操作。（见图四）

2. 教师重点关注幼儿的操作方法是否正确，鼓励幼儿在多种面料中寻找出防水性能最好的面料。

图四

五、经验分享

1. 幼儿相互交流自己实验的结果。

"这次你们找到真正防水的布料了吗？为什么有些布料开始是不漏水的，水多后就漏水了呢？"和幼儿一起找出原因，鼓励幼儿说说自己的想法。

2. 提出问题："哪一种布料的防水效果最好？"

六、验证布料的防水性

1. 出示小房子："这就是鸡妈妈的家，你们找到的这些布料是不是真的能帮助鸡妈妈遮挡屋顶，防止雨漏进来呢？"将幼儿找出的最防水的布料夹在"屋顶"上。

2. 教师将"房子"放进金鱼缸里，用洒水壶浇水，幼儿观察防水实验结果。

3. "鸡妈妈非常感谢小朋友们帮助它找到了可以防水的遮雨布，没让小鸡淋湿！"

★拓展与延伸

1. 科学区域的拓展

寻找更多的材料放在科学区里，利用游戏时间可以让幼儿反复试验，观察材料的防水性。

2. 相关领域的拓展

在认知区提供常见的各种布料供孩子们触摸、感受，让幼儿知道它们的名字、了解它们的用途。

3. 家庭与园外活动

如果有机会，家长可以带孩子了解织布机织布的过程。

（王 玲）

大班活动 **4**

神奇的水杯

★概念与背景

凸透镜由于镜面的凹凸变化，折射光线导致成像发生各种变化。当透明的圆柱体的杯子装满水后，就具有了部分凸透镜的功能。透过这样的杯子观察物体时，物体可以变大变小、上下颠倒，还能看到左右位置发生改变等有趣现象。这节活动是借助“水杯凸透镜”这个简单而有趣的操作活动，进一步激发大班幼儿探究的兴趣，提升他们细致观察的能力。

★目标与能力

1. 通过观察，发现水杯摆放方法与影像变化间的有趣现象。
2. 能用图画、标记等方式记录观察到的有趣现象。
3. 能大胆而清楚地表达自己的发现。

★资源与材料

1. 经验准备：有用标记或图画的方式进行记录的经验。
2. 物质材料：

教师用

◆ 杯子标记 3 张（见图一）

◆ 方形玻璃容器 1 个、2 个水杯（1 个装满水，1 个空杯子）（见图二）

幼儿用

◆ 装满水的塑料杯子人手 1 个

◆ 图片每组 2 张（图片上的图案要简单，便于幼儿进行记录。另外，图片要有上下、左右方向的物体，便于幼儿观察物体方向变化的现象）（见图三）

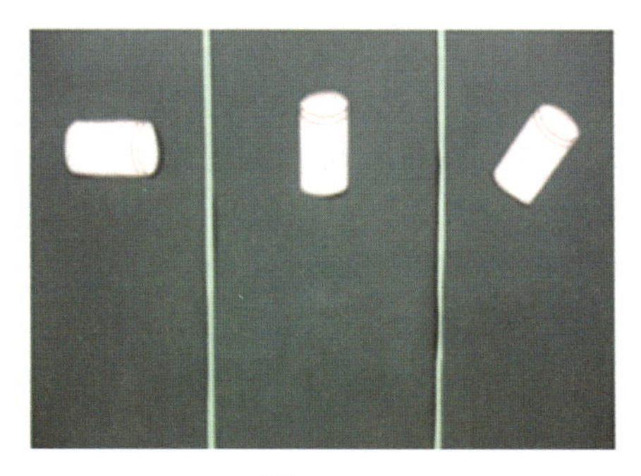

图一

图二

图三

◆ 空白记录单、记录笔人手 1 份

★过程与活动

一、问题导入

1. 猜谜引起兴趣："用手抓不住，用刀切不断，煮饭和洗衣都得请它来。你们能猜出来是什么吗？"（水）"你们玩过水吗？怎么玩的？"幼儿相互交流。

2. 引出问题。

出示装水和没装水的两个杯子："这里有两个杯子，其中一个装满了水，你们知道哪个是装有水的杯子吗？你们从哪里看出来的？”引导幼儿发现它们的不同。

二、初步探究

1. 提出操作要求。

“每个小朋友拿一个装满水的杯子，透过它去观察你对面的同伴，还可以去看一看教室周围的其他物体，看看会有什么发现。”

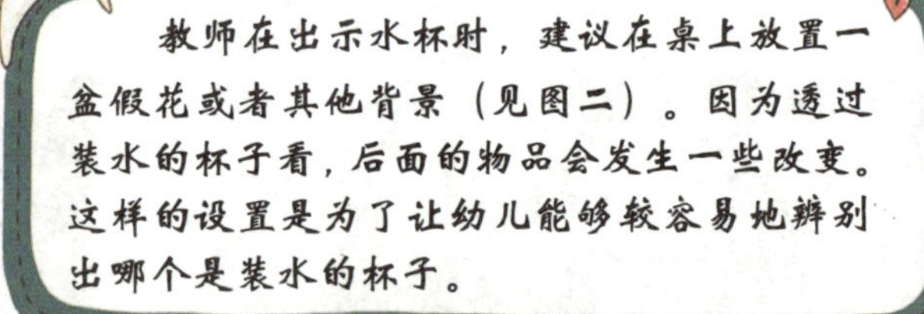

2. 幼儿透过水杯观察物体。

“你发现了什么？你的杯子是怎么放的？杯子除了这样放，还可以怎样放？你再试一试，看看还会有什么样的发现。”

幼儿自由观察。教师观察和倾听幼儿的发现，鼓励幼儿用清楚的语言进行表达。同时，教师还要引导幼儿尝试变换杯子摆放在眼前的距离和横竖摆放的不同方法进行观察，以便获得更多的发现。

三、交流沟通

1. 交流透过水杯观察到的现象。

“你们透过水杯观察到了什么有趣的现象？你的杯子怎么放能发现这样的现象？”

2. 教师根据幼儿的交流，用标记记录幼儿摆放杯子的多种方法，如横放、竖放或斜着放（见图一）。

Love

在引导幼儿交流有趣现象的同时，教师还要引导幼儿关注杯子的摆放方法，让他们发现摆放方法不同观察到的现象也有所不同，为下一环节的操作打下基础。

3. 小结：“大家发现了许多有趣的现象，有的是把杯子竖着看，有的是把杯子横着看。还有小朋友发现，杯子拿近、拿远看到的现象也不同呢！……”

图四

四、再次探究

1. 透过水杯观察图片。

“老师给每个小朋友一张图，你们除了将杯子横着看、竖着看，再试着将杯子靠近或远

离图片看一看，还会有什么新的发现呢？”幼儿自由观察。（见图四）

图五

2. 请幼儿说一说自己观察中的发现。

3. 幼儿记录自己的发现。

“大家在透过水杯观察图片的时候，发现了这么多有趣的现象。请你们挑选一个你最感兴趣的现象记录下来。想一想，怎么记录既简单又能让大家看明白？”幼儿进行记录。

4. 请幼儿将自己的记录按照杯子摆放的方法分类展示。（见图五）

五、经验分享

1. 交流探究发现。

“杯子横着看时，会有什么不同的发现？”

“大家记录了这么多有趣的现象，你能看明白哪一张？他记录的什么？”

2. 幼儿交流时，选取典型的现象，教师在实物投影仪下操作让幼儿仔细观察。

3. 小结：“今天我们透过装满水的杯子看到了许多有趣的现象。水杯横过来看，娃娃会头朝下颠倒过来。水杯竖着看，娃娃就会变得很胖……”

4. 出示方形的杯子，引发幼儿思考。

“这里还有一个杯子，它跟我们刚刚用的杯子一样吗？用方形的杯子装满水，透过这样的水杯看到的物体也有这些神奇的现象吗？”

Love

最后一个问题是为了引发幼儿新的思考，可让幼儿简单交流自己的猜测，无需在活动中进行观察验证。

★拓展与延伸

1. 科学区域的拓展

提供各种形状的透明玻璃杯，盛满水后供幼儿观察，看看会有什么样的发现；还可以提供多种透镜让幼儿进行观察，如凸透镜、凹透镜、三棱镜、多棱镜等等。

2. 相关领域的拓展

在语言区提供与透镜相关的科普书籍，供幼儿阅读。

3. 家庭与园外活动

家长可以在家和幼儿共同收集各种形状的透明容器，装上水之后供幼儿观察。

（钱 莉）

观察天气

★概念与背景

天气现象是指发生在大气中的各种自然现象，如气温、风、云、雾、雨、雪等。天气和我们的生活息息相关，我们通过观察和记录天气的活动，引导幼儿关注身边的天气，了解和感受大自然的变化，在丰富幼儿经验的同时，也激发幼儿探索大自然的兴趣。

★目标与能力

1. 认识常见的几种天气现象。
2. 根据天气情况选择合适的标记记录天气。
3. 交流活动中能倾听同伴的发言。

★资源与材料

1. 经验准备：观看电视台的天气预报，了解常见的天气类型。
2. 物质材料：

教师用

◆ 9 种天气的大图标 1 套：晴、多云、阴、雪、冰雹、雨、无风、微风、强风（见图一）

◆ 月历表一张

图一

幼儿用

◆ 空白记录单人手 1 份

◆ 9 种天气的小图标（与大图标内容相同）、胶棒人手 1 根

★过程与活动

一、问题导入

引出话题：“你们看过天气预报吗？你们知道的天气有哪些呢？”结合幼儿的已有经验进行交流。

二、初步探究

1. 结合图标，了解各种天气现象。

◆ “你知道哪些天气呢？”引导幼儿说出各种天气现象，同时教师出示相应的天气图片。

◆ 结合幼儿的生活经验，说一说每种天气的具体状态：“晴天是什么样的？多云、阴天又是什么样的？”

晴天就是能够看到太阳，到处都是阳光，没有什么云会遮挡住太阳。多云就是一会儿能够看到阳光，一会儿太阳又会被云遮住。阴天就是云很厚，看不到太阳。重点帮助孩子理解晴天、多云、阴天。

常见的天气中容易混淆的是“多云”与“阴”的天气现象。通过引导幼儿仔细观察这两个图标，讨论什么样的天气是“多云”与“阴天”，帮助幼儿区分判断这两种天气类型。

◆ 如有某种天气幼儿没有提到，教师直接出示图标：“这是什么天气？这种天气是什么样的？”

2. 引导幼儿将天气图标进行分类。

“如果将这些图标进行分类，可以怎么分呢？哪些天气有相似的地方，可以把它们放在一起？”幼儿自主分类。

这个环节主要是让幼儿再次清晰地观察了解各种天气状况，准确了解它们的特点。在分类过程中，幼儿完全可以以自己的思考方式进行分类，只要能说出分类的理由，教师就应该予以认可。

三、交流沟通

请不同分类方法的幼儿进行介绍：“你是怎么给这些天气图标分类的？为什么把这几张图标放在一起？”鼓励幼儿大胆地说出自己分类的理由。

四、再次探究

1. 幼儿去户外观察天气。

提出具体的观察要求：“今天是什么天气？有没有云？云比较少，还是有很多？你可以在地面上看见阳光吗？能看见物体的影子吗？今天有没有风？你从哪里看出来的？……”

在户外观察时，教师与幼儿对某一时刻的具体天气状况做了仔细观察与分析，为后面选择相应的天气图标进行记录做好准备。

2. 请幼儿将观察到的天气情况记录下来。

出示个体记录单：“请小朋友用这些图标把今天的天气情况记录下来。”幼儿用粘贴图标的方式记录今天的天气。

记录天气的环节，既是对之前观察活动的总结和反馈，也让幼儿懂得科学记录需要实事求是。

五、经验分享

1. 展示幼儿的记录单，相互交流。

“他记录的是什么天气？有谁用了不同的标记也表示了今天的天气呢？”

2. 学习在月历表中记录天气。

“今天我们学会了用图标来记录天气。这里有一张 × 月份的天气记录表。找一找，今天在哪里呢？我们应该怎样记录呢？”请幼儿在相应的日期下用标记记录天气，提醒幼儿坚持每天记录天气。

★拓展与延伸

1. 科学区域的拓展

活动之后，教师可以将天气记录表提供在科学区域中，让幼儿每天持续进行观察、记录。

2. 相关领域的拓展

在语言区提供有关各种天气的谜语供幼儿猜谜，帮助他们进一步巩固对各种天气特性的了解。还可以提供有关气象的书籍，进一步丰富幼儿的有关经验。

3. 家庭与园外活动

家长可以带孩子在周末时持续观察、记录天气，做好个体的气象记录。

（胡　敏）

大班活动 6

风来了

★概念与背景

风是由空气流动引起的一种自然现象。风看不见也摸不着，但能感受到它的存在。风的种类有很多，如龙卷风、台风、微风、大风、狂风等等。风与人类的生活息息相关，既有利也有害。

风在幼儿生活的环境里随处都有，让大班幼儿了解自然环境中的现象，懂得人们生活与自然密切相关是非常必要的。因此，我们借助“风来了”这一活动，让幼儿在观察中了解什么是风、风与人们生活的关系。

★目标与能力

1. 观察并认识风，了解风的作用与危害。
2. 根据自己的观察，运用合适的方式记录对风的认识。
3. 能够认真倾听同伴的讨论，用清楚的语言表达自己对风的认识。

★资源与材料

1. 经验准备：有初步的记录经验。
2. 物质材料：

教师用

◆ 眼睛、耳朵、身体标记（见图一）

◆ 有关风的视频资料

幼儿用

◆ 空白记录单、笔人手 1 份

3. 参与人数：全班。

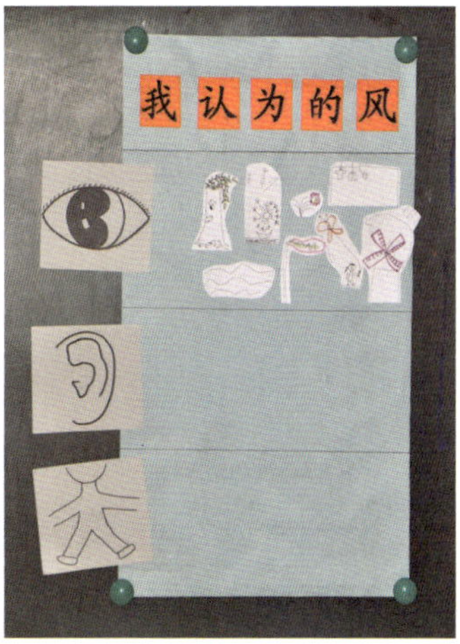

图一

★过程与活动

一、问题导入

1. 提出问题，请幼儿说说自己认识的风：“你知道风吗？刮风时是什么样？你见过什么样的风？”引导幼儿结合自己的生活经验描述对风的认识。

2. 了解感受风的几种途径：“今天有风吗？你怎么知道风来了？”

3. 幼儿相互交流自己的发现，并小结：“虽然风看不见也摸不着，但我们可以通过眼睛、耳朵、皮肤来感受到风。”

二、观察探究

1. 幼儿到户外观察风。

提出问题，引导幼儿观察：“今天有没有风？你是怎么知道的？今天的风一直在刮吗？是有风的时候多，还是无风的时候多？风到底有多大？”（见图二）

> 观察风的活动应在户外进行，在自然环境中有很多参照物可以帮助幼儿判断是否有风。通过实际的观察、体验，引导幼儿多感官、多角度地收集捕捉信息。

图二

2. 引导幼儿运用各种感官感受风。

关注幼儿的观察方法，引导幼儿运用各种感官进行观察与判断：“国旗有没有飘动？小草、大树有没有摇摆？站在操场上你的身上、脸上有什么感觉？”

三、交流沟通

1. 交流观察的结果。

幼儿回到室内，教师提问：“你看到风了吗？你是从什么地方看出来的？今天风一直在刮吗？”

2. 出示记录单，提出问题，引发幼儿思考。

◆ 怎样才能把风的事情清楚地记录下来，让大家一看就能明白：外面有没有风？风有多大？

◆ 如果观察到了两种不同大小的风，该怎么记录？如果有风的时候多，无风的时候少，又该怎么记录？

3. 幼儿记录自己观察到的风。

教师注意关注幼儿的记录方式，用个别交流的方法了解幼儿的想法。

4. 展示幼儿的记录单，并按照“眼睛—看”“耳朵—听”“身体—感受”这三个类别，将幼儿的记录分类摆放，鼓励幼儿相互介绍自己的记录（见图一）。

> Love 教师将幼儿的记录单分类摆放，有利于帮助幼儿发现风是可以通过我们的多个感官感受到的。

小结：“这是我们今天看到的风。有些小朋友通过树枝、小草和国旗的摇动看到了风；有些小朋友用身体感受到风；还有些小朋友听见树叶沙沙作响也知道风来了。”

四、观察了解风与人们生活的关系

1. 提出问题，引发幼儿思考与交流。

“你们喜欢风吗？什么时候最喜欢风？”

“有没有不喜欢风的时候？什么时候不喜欢风呢？”

2. 观看视频了解风的作用与危害。

3. 引导幼儿相互交流自己的发现。

“从视频中你们发现了什么？风都有哪些作用呢？”

“有时候风也会发脾气，它发脾气的时候会发生什么样的事情呢？”

4. 小结：“风的本领很大，夏天可以带来凉爽，春天可以陪我们做放风筝的游戏，风还可以用来发电、传播植物的种子……风有时候也会发脾气，刮起台风、龙卷风给我们的生活带来麻烦！”

★拓展与延伸

1. 科学区域的拓展

活动之后，教师可以进一步引导幼儿观察风力的大小，师幼共同商议如何进行记录。

2. 相关领域的拓展

在语言区，提供有关《风速歌》的儿歌供幼儿朗诵，帮助他们进一步巩固对风速的了解；在美工区，提供卡纸、红色涤纶布、订书机，学习制作风旗（观察风速的旗子）；在阅读区，提供有关自然现象的科普读物，让幼儿获得更多相关的知识。

3. 家庭与园外活动

家长可以带孩子在户外活动时继续观察风，判断与记录风的大小。

（胡 敏）

大班活动 7

杯子里的秘密

★概念与背景

空气是无色无味的，虽然看不见、摸不着，但却是无处不在。由于空气缺少具体的形态，幼儿对空气的感知和理解常常感到困难。进入大班后，我们设计了一些游戏让幼儿感知空气存在，如用塑料袋兜空气，将充满空气的袋子扎个洞放入水中观察气泡的产生等等。在此基础上我们设计了活动“杯子里的秘密”，通过 “杯中的纸不湿”这个神奇的现象，激发幼儿对科学现象的好奇心，同时让幼儿倾斜杯子观察气泡的产生，体会杯中空气的存在。

★目标与能力

1. 观察杯子在水中垂直倒扣或倾斜时发生的现象，初步感受空气的存在。
2. 能在操作中细致观察、比较杯中水面的变化。
3. 能用语言完整地讲述观察到的现象。

★资源与材料

1. 经验准备：玩过有关空气的游戏，如用塑料袋装空气，在鼓起的塑料袋上戳洞、挤压感受风从洞口吹出，将有洞的塑料袋充气后放入水中观察气泡等等。

2. 物质材料：

教师用

◆ 集体记录单 1 张（见图一）

◆ 杯子标记 3 张、水彩笔 1 支

◆ 场景布置（见图二）

幼儿用：（见图三）

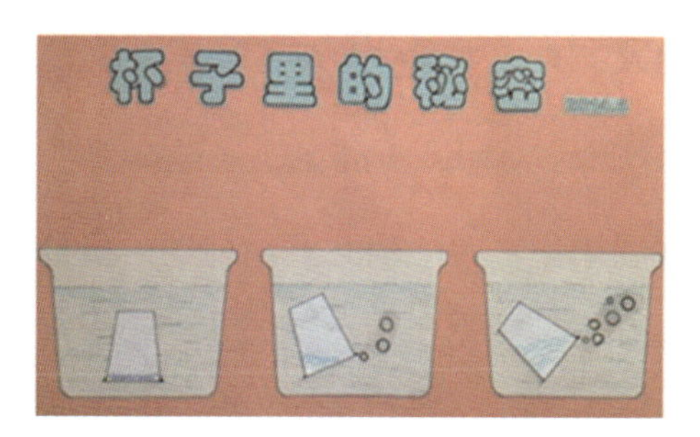

图一

图二

图三

◆ 盛水的透明水缸（水深大于杯子的高度）

◆ 厚实的纸巾若干

◆ 透明塑料杯人手 1 个

◆ 抹布

3. 参与人数：分组教学，18 人以内。

★过程与活动

一、问题导入

1. 提出问题，引发幼儿的思考。

出示纸巾："这张纸放在水里会怎样？如果请塑料杯帮忙，把杯子完全放入水中而纸不湿，你们有什么好办法吗？"

此环节的操作大多会以失败而告终，通过尝试后幼儿觉得这个问题确实很有难度，为在下一环节制造惊奇埋下伏笔。

2. 幼儿自主尝试，鼓励幼儿用自己的方法操作，关注幼儿解决问题的多种策略。

二、初步探究

1. 教师操作，幼儿观察杯子完全浸入水中而杯中的纸却保持干燥的有趣现象，激发探究的兴趣。

"我有一个好办法，只用一个塑料杯就能让放在杯子里的纸不湿。"教师将纸放入杯底，杯口朝下缓慢放入水中。同时引导幼儿观察："杯子完全浸入水里了吗？杯子里的纸会湿吗？"观察后，教师将纸杯口朝下稳稳地拿出水面，让幼儿猜测："杯子里的纸湿了吗？"然后拿出纸巾让幼儿摸一摸，确认纸是干的。

活动呈现的现象与幼儿原有的经验有着强烈的冲突，神奇的现象激发了幼儿操作的愿望，极大地调动了幼儿参与活动的积极性！

2. 幼儿尝试让纸巾不湿的方法。

教师观察幼儿在操作过程中所遇到的问题。

3. 讨论交流。

◆ "你们成功了吗？遇到了什么困难？"幼儿相互交流在操作中遇到的困难。

◆ 请个别幼儿演示自己的操作过程，引导幼儿仔细观看，然后讨论："纸怎么会湿呢？哪里有问题呢？怎样做才能让纸巾不湿？"师幼共同观察发现操作中存在的问题，讨论出正确的操作方法。

4. 幼儿再次尝试，学习正确的操作方法。

操作失败的幼儿再次探索正确的方法；操作成功的幼儿尝试放慢速度再次观察试验。

教师关注操作中遇到困难的孩子，帮助其成功地完成游戏。

> 正确的操作方法是本次活动的关键。有些幼儿急于知道杯中的纸是否会湿，在水杯还没有安全离开水面时就翻转杯子造成水流进杯子。教师应及时呈现错误的操作方法，引发集体的思考，共同讨论解决的办法。

三、交流沟通

1. 提出问题：“这次你的纸巾湿了吗？你是怎么做的？”

2. 幼儿相互交流让纸巾不湿的操作方法：“杯子口朝下，直直地放下去，拿的时候也要直直地拿出来，杯子里的纸就不会湿。”

四、再次探究

1. 提出问题：“当杯子直直地放在水里时，有没有水流到杯子里去呢？”

教师操作，幼儿仔细观察杯子倒扣水中时杯子里水面的位置，教师在集体记录单上记录（见图一左侧杯子）。

> 记录单中的杯子图卡是可以活动的，教师在讲解观察要求时，可以一边倾斜杯子一边提出问题，具体形象地帮助幼儿理解操作任务和观察重点。

2. 提出新问题：“如果杯子在水中慢慢倾斜，会有什么现象发生？”

3. 幼儿自主操作，观察杯子在水中倾斜后所发生的现象以及气泡冒出后杯中水面发生的变化，思考：“水中怎么会有气泡？”

五、经验分享

1. 请幼儿说一说，倾斜杯子后所观察到的现象。

“杯子斜过来后看到了什么？杯子里的水面有变化吗？”伴随着幼儿的讲述，教师再次演示，幼儿细致地观察气泡的产生和杯子里水面的变化（见图四）。

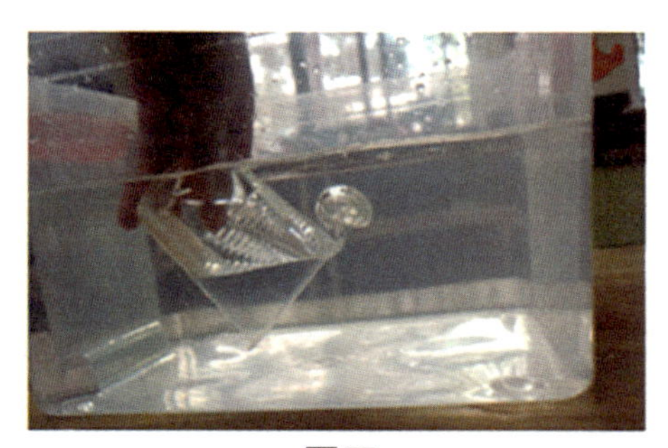

图四

2. 在集体记录单上记录观察到的现象。（见图一中第二、三个杯子）

3. 鼓励幼儿大胆猜想气泡产生的原因：“当杯子倾斜后，看到了什么？泡泡从什么地方冒出来？水里怎么会出现泡泡？”

活动最后的提问是引导幼儿关注现象、对现象产生好奇，而对造成气泡的原因不必深究。

★拓展与延伸

1. 科学区域的拓展

提供塑料瓶、塑料杯以及更加敞口的塑料盒子给幼儿进行游戏，观察这些物品倒扣在水里的时候，水是否会进入容器中；将饮料瓶从中间剪成两半，上半部拧紧盖子后放入水中，观察饮料瓶中水面的位置，然后慢慢拧开瓶盖，观察水面有什么变化。想想这是为什么？

2. 相关领域的拓展

户外活动时，将报纸贴放在幼儿胸前并让其快速跑动，让幼儿观察报纸不会掉下的现象；手工区提供饮料瓶和锥形的薄纸，将锥形纸盖在饮料瓶口即成为一个简易的火箭，只要拍击瓶身，锥形火箭就会射向高处。

3. 家庭与园外活动

家长与幼儿一起吹气球，或松开气球口，感受空气的存在。夏季游泳时，家长与幼儿一起嬉水，在水下吐气，观察水中气泡的产生。

（赵晓丽）

大班活动 8

系列活动：球儿弹弹

★概念与背景

球的种类繁多、外形各异，多数球都有一定的弹性。球的弹性使得球可以弹跳，球的弹跳高度与球自身的材质、弹跳地面的材质、实际落下的高度等外界条件都有一定的关系。

球是幼儿生活中十分熟悉的物体。在幼儿园大班阶段，幼儿对球的滚动做过一定的探究，但是对球的弹跳问题很少涉及。系列科学活动“球儿弹弹”就是让幼儿在游戏中，观察球在弹跳过程中呈现的状态，比较各种球弹跳高度的差异。通过观察和比较，了解同样的条件下不同的球弹跳的高度不一样，同样的球在不同材质的地面上弹跳的高度也不一样。

活动一：球的弹跳

★目标与能力

1. 观察不同球的弹跳，发现球弹跳状态的差异。
2. 能够用图画的方式记录球弹跳的轨迹。
3. 在观察与探究中享受球类游戏的乐趣。

★资源与材料

1. 经验准备：认识皮球、篮球、弹力球等常见的球，在日常生活中玩过球。

2. 物质材料：

◆ 一片平整、宽阔的场地

◆ 各种球，网球、玻璃球、乒乓球、篮球、塑料球、皮球、弹力球（见图一），数量大于活动总人数

◆ 空白记录单、记录笔人手 1 份

3. 参与人数：全班。

图一

★过程与活动

一、问题导入

1. 出示各种各样的球，引起幼儿的兴趣。

“今天有很多球来和小朋友做游戏，你认识它们吗？”

2. 幼儿回忆玩球的经验。

“你们玩过这些球吗？球会弹跳吗？怎么让它跳起来？你认为球为什么会跳起来？”

3. 幼儿相互交流自己玩球的经验。

二、初步探究

1. 提出操作要求：“每个小朋友选一个球，想办法让它跳起来，然后仔细观察球是怎么跳的。刚开始和快停下时跳的有什么不同？用力拍和轻轻拍，球的弹跳又会有什么不同呢？”

> 球是幼儿常见的游戏材料，孩子们非常喜欢玩，尤其活动中提供了一些不常见的球类，孩子们非常渴望把每种球都尝试一下。

2. 幼儿自由玩球，教师引导幼儿重点观察球弹跳时的状态，尝试改变球弹跳方向或者高度。活动中要给幼儿足够的时间去操作、观察和表达。

> 活动中有些幼儿会由于兴奋而偏离活动的内容，教师可借助重申活动要求、观察内容的方式将幼儿的注意力拉回到活动当中。

三、交流沟通

1. 教师和幼儿共同交流玩球时的发现。

幼儿围绕“球是怎么弹跳的、球是怎样停下来的、快停下来的时候和刚开始跳的时候有哪些不一样、每次都跳得一样高一样快吗、用手拍球和仅仅松手放下球的时候球跳起来有什么不同”等问题进行交流。

2. 请玩不同球的幼儿进行介绍，了解不同种类的球弹跳时的状态。

四、再次探究

1. 与同伴结伴玩球，感受球弹跳时的差异。

幼儿自由结伴，并和同伴交换球。玩一玩，看一看两个球在弹跳时有什么不同；也可以合作游戏，将两个不同的球放在一起进行弹跳比赛，观察球弹跳时的不同现象。

2. 请幼儿将球弹跳时观察到的现象进行记录。

如球弹跳起时的样子，球是怎样停下来的等等，用绘画的方式尽可能地将观察到的现象形象地记录下来。

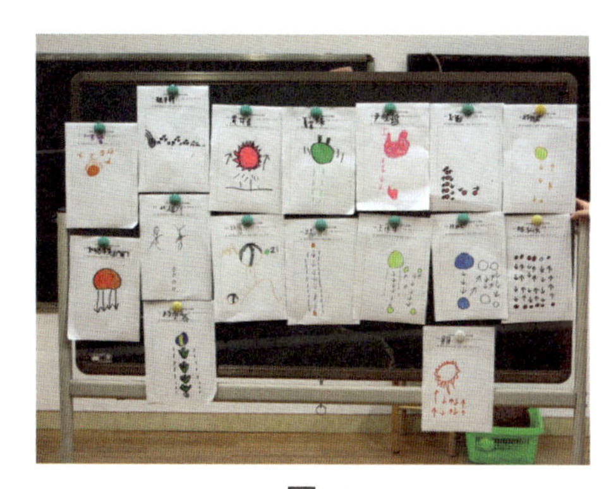

图二

五、经验分享

1. 幼儿展示记录单并介绍如何让球跳起来，球在哪里弹跳，以及球弹跳时的现象（见图二）。

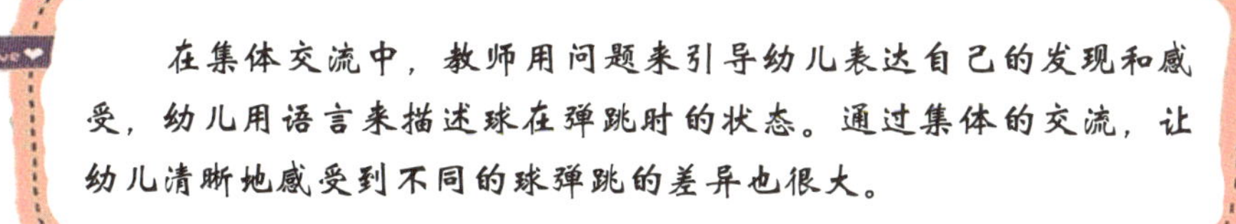

2. 操作演示不同的球弹跳时的不同状态，感受不同的球的弹性。

3. 师幼共同小结。

六、音乐游戏：会唱歌的球

请幼儿围成一圈，每个人拿着不同的球。游戏开始，教师听着音乐有节奏地指挥，指到哪个小朋友，就请他拍一下自己的球。慢慢加快速度，不同球撞击地面的声音就形成了一段有趣的音乐。

★拓展与延伸

1. 科学区域的拓展

在科学区提供各种不同的球供幼儿玩要，感受不同种类的球弹跳的差异；提供三个不同的球，请幼儿为球做弹跳比赛，看看哪个球跳得高。

2. 相关领域的拓展

在美术区提供玻璃弹珠和颜料，供幼儿进行弹珠滚画。在教学区提供各种各样的球，供幼儿进行分类记数、列算式比多少。

3. 家庭与园外活动

家长与幼儿共同进行各种球类游戏，如打乒乓球、打篮球、跳羊角球，感受不同球的弹性。

（赵晓丽）

活动二：看谁跳得高

★目标与能力

1. 通过观察和比较，了解不同的球弹跳的高度不一样。
2. 探索运用颜色板测量球弹跳高度的方法。
3. 愿意与同伴合作完成测量任务，体验合作的乐趣。

★资源与材料

1. 经验准备：认识几种常见的球，有玩球的经验，知道球会弹跳。
2. 物质材料：

◆ 弹力球、乒乓球、网球、海绵球、玻璃球各 6 个（见图一）

◆ 各种球的图标 6 套（见图二）

◆ 测量用色板 6 块（见图三）

图一

图二

图三

3. 参与人数：全班。

★过程与活动

一、问题导入

1. 引出话题，引导幼儿回忆球的不同玩法："你们认识这些球吗？它叫什么名字？"请幼儿玩一玩球，观察球弹跳的不同状态。

2. 让幼儿交流自己的发现，教师提出问题："如果不给球力量，怎么让球自己跳？"

二、初步探究

1. 提出问题："这些球都跳得一样高吗？你觉得谁跳得最高？"幼儿猜想。

2. 出示色板和实物标记："颜色板怎样帮助我们知道哪个球跳得最高？跳得有多高？我们应该怎么记录每种球跳了多高呢？"

> 用球的标记在颜色板上粘贴记录，能帮助幼儿一目了然地看到每种球的实际弹跳高度，也能让幼儿清楚地看到"不同的球弹跳的高度不一样"。

3. 引导幼儿讨论如何正确运用色板测量球的弹跳高度。

◆ 对小球自由落下方法的讨论："今天小球们要进行跳高比赛，你们知道我们应该怎么做才能让小球自己跳吗？"通过幼儿的实际操作，引发观察和讨论："这样做小球是自己跳的吗？他有没有用力气？我们怎样做才能真正让小球自己跳呢？"（手轻轻松开，让球自然落下）

◆ 对放球位置的讨论："球应该从哪里落下来呢？"（统一球落下的位置）

◆ 对观察方法的讨论："怎么看才知道球跳了多高？什么时候看？怎么看？"

> 此处的小结是为了帮助幼儿明晰观察的方法，为下一环节的操作做好准备。

◆ 师幼共同小结：比较球弹跳的高度时，要让球自然落下，不能用力；球落下的起点位置要统一；球第一次跳起的最高点在色板的位置就是球弹跳的高度。

> 操作过程中教师要关注幼儿对测量方法的掌握情况、小组合作的情况以及记录与实际观察是否一致的情况，为交流沟通收集内容。

4. 介绍小组操作的具体要求："今天三个小朋友为一组分工合作共同完成测量任务，仔细观察每种球跳了多高，然后用标记贴在色板相应的位置上。”幼儿自由结伴，合作游戏。

三、交流沟通

1. 展示各个小组的测量结果，引导讨论。

“这是各组的记录，每种球究竟能跳多高呢？”“你们观察的结果一样吗？”教师挑选出一种测量结果差异较大的球，请个别小朋友在集体中操作，集体进行观察：“那我们一起来看一看，这个球究竟跳了多高？”（见图四）

图四

2. 讨论并明确正确的观察方法。

“为什么有人认为球跳到了黄色区域，有人却认为是蓝色区域？”

对同一现象，幼儿观察结果出现差异的原因主要有两个：一是幼儿还没有准备好观察，球就落下了，导致没找准球弹跳的最高点；二是从不同的视角去看，看到的结果会有不同。教师要引导幼儿关注到这些问题，讨论：“应该怎样看才能看得准确？”

3. 讨论分工合作中遇到的问题。

教师可以请合作中遇到困难的小组介绍情况：“你们在合作时遇到什么问题了？”引导幼儿共同讨论三人应该怎样分工合作，也可以请有成功经验的小组介绍分工合作的方法。

四、再次探究

1. 提出操作要求。

“这次小球们要进行真正的跳高比赛了，我们要在这么多的球中找出跳高冠军。请每组小朋友再去仔细看一看每种球究竟可以跳多高，谁会是跳高冠军呢？”

2. 幼儿操作，验证第一次的测量结果是否正确。

教师关注幼儿的操作过程，提醒幼儿用正确的方法进行观察和记录。对观察结果争议较大的小组，教师可以提醒小组成员轮流放球，多次进行观察。

五、经验分享

1. 展示各组的测量结果，请幼儿说说自己小组找出的跳高冠军。

2. 讨论：跳高冠军是谁？

◆ 如果冠军出现不同，例如有的组是乒乓球跳得最高，有的组是弹力球跳得最高，可以请这两组的幼儿在集体中操作，大家一起进行观察。

◆ 如果跳得最高的是同一种球，也可以请幼儿一起观察：“同样都是弹力球，它们跳得一样高吗？”通过观察了解，即使是同一种球弹跳的高度也会出现差异。

3. 引出新问题。

◆ “请小朋友想想，为什么弹力球能够成为跳高冠军？为什么网球、玻璃球就不行呢？”通过这次活动的操作，让幼儿感知球的材质不同弹性也不同。

◆“如果在沙子上、瓷砖上或地垫上测量球的弹跳，结果又会怎样呢？”

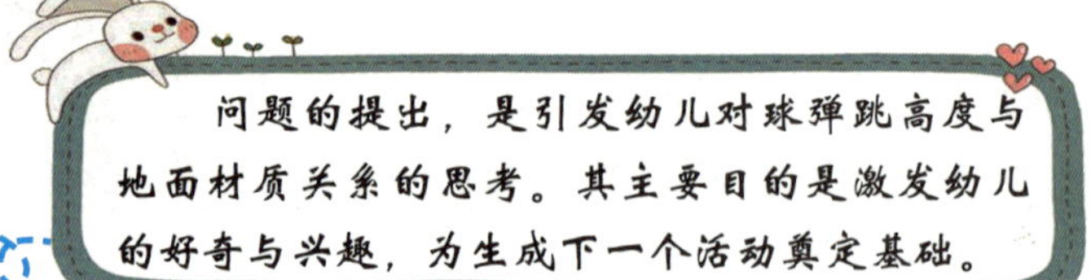

★拓展与延伸

1. 科学区域的拓展

活动之后还应该将材料提供在科学区域中，让幼儿进行反复的实验操作，进一步尝试测量与合作。

2. 相关领域的拓展

在语言区提供有关球弹跳的图书，帮助幼儿了解相关信息。

3. 家庭与园外活动

家长与幼儿共同收集各种球进行弹跳比赛，在操作、比较的过程中和幼儿共同讨论球的材质对弹跳高度的影响。

（胡　敏）

活动三：在哪里玩球

★目标与能力

1. 通过测量和比较，发现球在不同材质的地面上弹跳的高度是不同的。
2. 能借助色板正确测量球弹跳的高度并进行记录。
3. 愿意与同伴合作完成测量任务，体验合作的乐趣。

★资源与材料

1. 经验准备：有活动二“看谁跳得高”的经验基础。

2. 物质材料：

◆ 弹力球人手 1 个

◆ 户外活动场地上有不同材质的地面（地砖地（水泥地）、塑胶地、草地、沙池等）

◆ 集体记录单（见图一）、小组记录单（集体记录单的缩小版）

◆ 色板 5 块（每组 1 块）

3. 参与人数：分组教学，18 人以内。

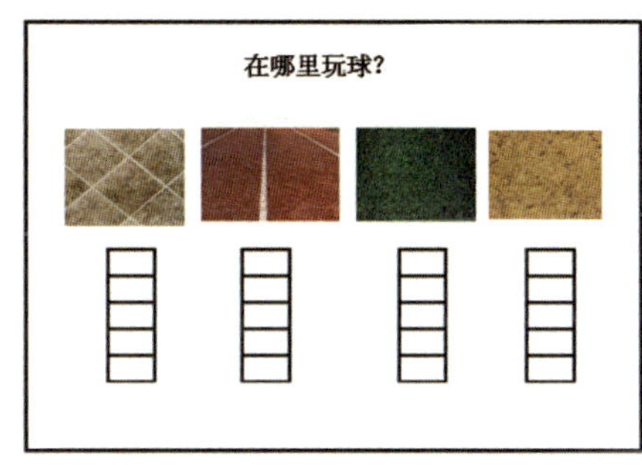

图一

★过程与活动

一、问题导入

1. 出示弹力球：“弹力球是我们上次选出的弹跳冠军，今天它又要和我们一起玩游戏了。”

2. 提出问题：“上次我们是在哪里玩球的？如果换个地方玩球，它还能跳得高吗？”

二、初步探究

1. 幼儿自主尝试在不同的地面上玩球。

◆ “上次在教室里，弹力球跳得高高的。请大家看看我们周围，如果换个地方让它自己跳，它还能跳得那么高吗？”

◆ “请你找几个不同的地面，让弹力球自己在上面跳一跳，看看你会有什么发现？”幼儿每人一个弹力球，自主游戏。

2. 教师观察幼儿游戏，提醒幼儿要让弹力球自己跳起来，不要使用外力。另外，教师要鼓励幼儿在不同的地面上进行尝试。

三、交流沟通

1. 交流操作中的发现：“刚刚你在哪里玩球的？有什么发现？”

2. 聚焦问题："在不同的地面上，球都能够跳得高吗？""在哪些地面上球能跳得高？而在哪些地面上球只能跳得低低的（或者很难跳起来）呢？"

四、再次探究

1. 根据幼儿交流的内容选择四种较为典型的地面，引出问题。

"刚刚小朋友在很多地方玩过球，大家觉得在操场上、小路上球能跳得高，在草地上却跳得很低。"教师将四种地面的图示卡展示在记录单上，"那么在这四个地方弹力球自己到底可以跳多高呢？请大家去试一试。"

2. 交代操作要求。

"这次要请三个小朋友作为一个小组，用上次活动中使用过的色板去仔细看一看在这几种不同的地面上，弹力球究竟可以跳多高。观察后，请用颜色标记在记录单上进行记录。"

3. 幼儿自由结伴进行实验。

操作中教师注意提醒小组幼儿要先商量好彼此的分工再进行合作游戏，同时不要忘记在记录单上将球跳的高度用颜色标记记录下来。

活动中教师要关注幼儿的合理分工、测量的方法，以及对结果的记录。

五、经验分享

1. 各小组交流测量的结果，教师将结果记录在集体记录单上。

2. 观看集体记录表，幼儿交流。

◆ "我们一起来看看弹力球在不同的地面上弹跳的结果，你有什么发现？"

记录单的作用是帮助幼儿及时、准确地记录下球在不同地面弹跳的高度，也很清晰地展示了测量比较的结果。

◆ "球为什么跳得不一样高？"关注不同地面对球弹跳高度的影响。

3. 出示皮球，引导幼儿思考："如果我们要选择一块合适的场地拍皮球，你更喜欢在哪个地方玩球？为什么？"

在"球儿弹弹"系列活动中，幼儿借助色板比较了不同球在相同地面上的弹跳高度和相同球在不同材质地面上的弹跳高度。通过同伴合作的方式，进行了科学的比较、观察与记录。在这个系列活动中，幼儿不仅收获了科学的测量、比较方法，更提高了与同伴合作的能力。

★拓展与延伸

1. 科学区域的拓展

提供颜色板、各种球和不同的地面，让幼儿继续观察比较。

2. 相关领域的拓展

在语言区提供有关弹力的图书，帮助幼儿了解相关信息。在美工区提供材料制作弹簧玩具。

3. 家庭与园外活动

家长与幼儿共同收集各种球，寻找不同质地的地面，在操作、比较的过程中和幼儿共同讨论不同的地面材质对弹跳高度的影响。

（胡 敏）

大班活动 9

系列活动：镜子

★概念与背景

平面镜子是幼儿日常生活中十分常见的物品，它将照射到人或物体上的光线反射到人的眼睛里，于是我们看到了镜中的影像。平面镜中的像是虚像，虚像和物体是对称的。当两个平面镜对照时，光会在两面镜子之间相互反射，从而镜中会出现更多的影像。

这个系列活动的设计，让幼儿通过反复操作，观察和发现镜子成像的有趣现象，积累更多有关平面镜的经验。在丰富科学经验的同时，培养幼儿的科学兴趣和探究能力。

活动一：有趣的平面镜

★目标与能力

1. 认识平面镜，发现镜面对着什么，在镜子中就能够看到什么。
2. 探索用平面镜照出眼睛无法看到的物品的方法。
3. 对探索活动感兴趣，乐于分享探究过程中的发现。

★资源与材料

1. 经验准备：生活中幼儿有照镜子的经验。

2. 物质材料：

教师用

◆ 集体记录单、镜子摆放标记（见图一）

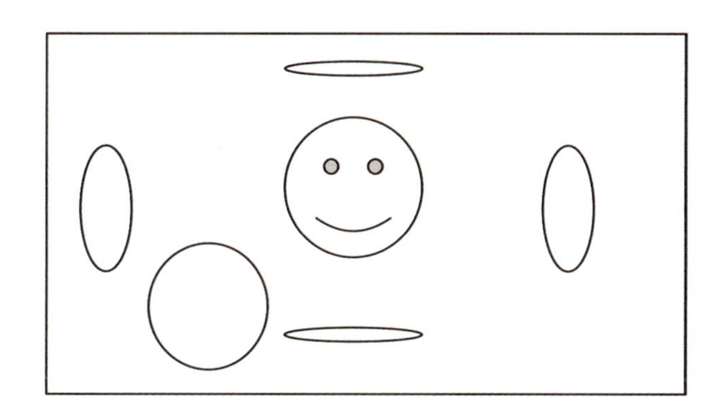

图一

注：镜子是教师根据幼儿的表述再画到记录单上去的，5 面镜子分别表示上下左右和正面

◆ 笔 1 支

◆ 发夹 1 个

幼儿用

◆ 平面镜人手 1 面

◆ 空抽纸盒人手 1 个（内部贴有动物贴纸，贴纸的位置以眼睛看不见为准）

3. 参与人数：全班。

★过程与活动

一、问题导入

1. 观察平面镜，知道平面镜的名称。

出示平面镜，提出问题：“这是什么？请小朋友们看一看，摸一摸，说说镜子是什么样的。”

幼儿每人拿一面平面镜进行观察，并相互交流：“镜子摸上去很光滑，凉凉的，镜子外形有圆的、有方的。像这样平平的镜子叫作平面镜。”

2. 引出话题：“小朋友们，你们觉得从这面小小的镜子里可以看到什么？”

二、初步探究

1. 幼儿使用平面镜自由观察。

“小朋友们，从镜子里除了可以看到自己还能看到什么？”

日常照镜子的经验可能会让幼儿认为镜子只能照到自己的脸，通过提问可以帮助幼儿逐步发现从镜子里可以看到前后左右很多地方，还能从镜子里看到眼睛不能直接看到的地方。

2. 在幼儿自由操作时，教师与幼儿个别交流：“你从镜子里看到了什么？镜子怎样拿才能看到屋顶上的灯（背后的老师）？”

三、交流沟通

1. 介绍使用平面镜的方法：“你是怎样用镜子看到自己身后（上面、下面、侧面以及桌子底下……）的物体？”

操作中交流的目的是为了让幼儿在随意的操作中，有意识地关注镜子摆放位置和镜中影像之间的关系。

2. 请介绍的幼儿进行操作演示。

3. 教师用标记记录幼儿所说的镜子摆放的位置。

交流与记录是让幼儿进一步感受到：镜面对着什么物体，在镜子中就能够看到什么影像。

四、再次探究

1. 游戏“小动物在哪里”。

出示贴有小动物的纸盒，提出新问题：“在盒子里藏着一个小动物贴画，你们能看到它吗？怎样才能借助镜子看到藏在盒子里的小动物呢？”

有些幼儿不知道镜子如何摆放才能看到隐藏在盒子里的物体。教师可以借助集体记录单帮助幼儿回忆刚获得的经验：想从小圆镜子里看到什么，镜子就要对着什么。通过提示帮助幼儿获得成功。

2. 幼儿用镜子自由尝试，教师了解幼儿操作的情况并及时与幼儿交流。

五、经验分享

1. 相互交流：“你借助什么看到了小动物贴画？你是怎么做的？镜子是怎么放的？”

2. 幼儿介绍自己的观察方法。如可以先用手触摸到贴画的位置，然后小镜子要对着贴画，稍稍倾斜镜面，就可以看到盒子里的小动物贴画了。或是将镜子伸进盒子里，不断调整镜子的位置，找到动物贴画。

图二

3. 鼓励幼儿相互交换盒子，再次操作，在寻找贴画的过程中进一步积累镜子的使用方法（见图二）。

六、进一步探究

1. 教师拿出一个发夹，用新问题继续推升幼儿探究的兴趣：“老师买了一个新发夹，夹在后面漂亮吗？怎样才能让我也能看到后面的发夹？”

富有挑战性的问题，可以促进幼儿在已有经验的基础上，不断地拓展思路进行探索，激发幼儿主动探究的兴趣。

2. 鼓励幼儿相互协作，多想办法反复尝试。

3. 师幼共同总结：后面一面镜子对着发夹，前面的镜子要对看后面的镜子，这样才能看到夹在头上的发夹。

★拓展与延伸

1. 科学区域的拓展

在科学区提供镜子，鼓励幼儿尝试用两面镜子看到身体背面的东西。尝试两人合作。

2. 相关领域的拓展

在美工区提供镜子供幼儿进行自画像时使用。

3. 家庭与园外活动

在家找找，还有哪些物品也能帮助我们照到自己？在生活中找找，还有什么可以像镜子一样照出物体的影像？

家长与孩子共同寻找像镜子一样可以照出物体影像的各种物品，并说说它们的特点。

（陈育勤）

活动二：镜子变变变

★目标与能力

1. 通过观察和操作发现两个单面镜成像的有趣现象。
2. 探索运用两面镜子将半圆串珠变成不同图案的方法。
3. 能大胆地用语言描述探究过程中的发现。

★资源与材料

1. 经验准备：幼儿有使用过单面镜的经验。
2. 物质材料：

教师用

◆ 集体记录单、镜子摆放示意图、串珠图案（见图一）

◆ 半圆形串珠（见图二）

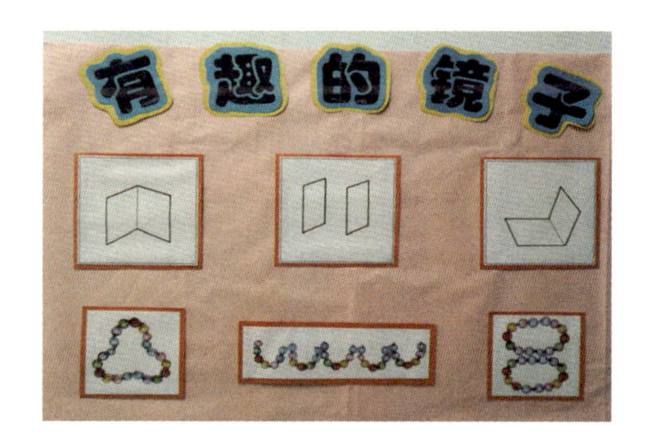

图一

图二

◆ 实物投影仪 1 台

幼儿用

◆ 单面镜人手 2 面

◆ 塑料小熊、半圆形串珠人手 1 个

3. 参与人数：全班。

★过程与活动

一、问题导入

1. 出示平面镜：“大家照过镜子吗？你在哪里照过镜子的？照镜子时你从镜子里看到了什么？”

2. 创设小熊照镜子的游戏情境：“小熊也想照镜子，如果用这面镜子照照小熊，我们从镜子里会看到什么？镜子里的小熊和眼睛直接看到的小熊会是一样的吗？”

幼儿每人一面单面镜和一个小熊进行观察，探索并发现单面镜成像的有趣现象。教师引导幼儿将镜子放在不同位置照小熊：“大家可以从上面照照小熊，也可以从下面照照，调整镜子的方向，看看镜子里的小熊是什么样的？”

3. 鼓励幼儿交流自己的发现：“大家从镜子里看到几只小熊？镜子里的小熊和我们眼睛直接看到的小熊一样吗？哪里不一样？”

4. 小结：用一面镜子照小熊，镜子里也有一只小熊。但是眼睛看到的小熊和从镜子里看到的小熊不一样。

二、初次探究

1. 探索发现两面单面镜成像的有趣现象。

提出问题：“如果用两面镜子照小熊，我们会从镜子里看到几只小熊呢？”请幼儿说说自己的想法。“镜子里的小熊会是什么样的呢？”

2. 幼儿操作观察。教师注意启发幼儿用多种方法摆放两面镜子，观察镜子里小熊的变化。

当幼儿第一次从两面镜子里发现了许多小熊时，他们被镜中的景象震撼了。幼儿改变两面镜子的摆放位置，他们就会从镜子里看到不同的景象，一会儿小熊围成圈，一会儿小熊排成长龙，幼儿完全沉浸在这样的神奇变化之中。

三、交流沟通

1. 交流操作中的发现。

“你是怎样用两面镜子照小熊的？你从镜子里看到了什么？像什么？镜子是怎么样放的呢？”

2. 幼儿在实物投影仪上展示自己的发现。教师把镜子摆放示意图记录在集体记录单上。

集体记录时，运用标记图的方式，帮助幼儿梳理两面镜子的不同摆放方法，直观明了，为下一步的操作打下基础。

3. 小结：用两面镜子照一只小熊，镜子里会有许多的小熊。当镜子面对面摆放时，它们有时手拉手，有时头顶头，排成长队像开火车一样；当镜子夹角摆放时，小熊会在镜子里围成一圈。太有趣了！

四、再次探究

1. 探索将串珠在双面镜中变成不同的造型。

教师出示串珠："新年到了，我想送给小熊一个新年礼物，你们看这是什么？大家能用两面镜子把这串珠子变出各种漂亮的图案送给小熊吗？请小朋友们试一试，变一变。"

2. 幼儿自由探索。

3. 集体交流："你变出了什么图案？你是怎么做的？"幼儿展示自己的方法与发现。

4. 教师出示串珠图案："小熊很喜欢这几种图案，大家能帮它用两面镜子变出来吗？"幼儿自由探索（见图三）。

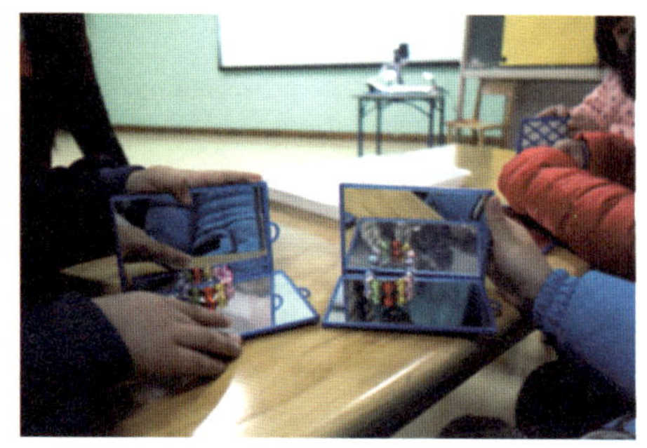

图三

五、经验分享

1. 集体交流。

"你变出了什么图案？你是怎么做的？"请幼儿边操作边介绍自己的摆放方法。

2. 教师请幼儿将串珠图案摆放在相应的镜子示意图下（见图一）。

3. 结束。

"如果用三面镜子、四面镜子，甚至更多的镜子来照一照，还会有什么有趣的现象呢？我们回去再试试看。"

★拓展与延伸

1. 科学区域的拓展

在科学区提供更多的镜子让幼儿去观察；尝试制作万花筒，感受多面平面镜成像的有趣现象。

2. 相关领域的拓展

在美工区用镜子帮忙完成对称画。

3. 家庭与园外活动

家长可以带幼儿去"镜子屋"中走迷宫，感受多面镜子游戏的趣味性。

（陈育勤）

大班活动 10

系列活动：蚕的一生

★概念与背景

蚕是完全变态昆虫，一生经过卵、幼虫、蛹、成虫等四个形态上完全不同的发育阶段。卵是胚胎发生、发育形成幼虫的阶段，幼虫是摄取食物营养的生长阶段，蛹是从幼虫向成虫过渡的变态阶段，成虫是交配产卵繁殖后代的生殖阶段。蚕只在幼虫期摄食，并为蛹和成虫期的生命活动积贮营养。

蚕是幼儿在春天里常饲养观察的小动物之一。它的生长周期较短，幼儿容易观察了解蚕生长变化的全过程。同时，蚕的四个明显的、不同的生长变化阶段，可以帮助幼儿认识、体验生命的多样性。在这个系列活动中，我们希望在帮助幼儿积累蚕的相关经验的同时，还能引发他们对生命体深入了解的兴趣，逐渐养成细致观察、乐于表达、善于合作等的学习品质。

活动一：蚕卵

★目标与能力

1. 观察蚕卵的外形特征，知道蚕卵可以孵化出蚕。
2. 能如实地记录蚕卵的主要特征。
3. 能大胆地描述自己的发现。

★资源与材料

1. 经验准备：幼儿有使用放大镜的经验；班级中创设饲养角。

2. 物质材料：

教师用

◆ 集体记录表“蚕宝宝日记”（见图一）

◆ 实物投影仪 1 台

图一

幼儿用

◆ 每人若干蚕卵

◆ 放大镜、各类纸盒、瓶子、布条、棉花若干

◆ 空白记录单、记录笔人手 1 份

3. 参与人数：全班。

★过程与活动

一、问题导入

1. 将蚕卵摆放在实物投影仪下，提出问题：“这两天，我们班来了一位新朋友，你们认识它吗？”

2. 幼儿相互交流自己的猜测。

3. 教师介绍：“这位朋友的名字叫蚕，不过，你们现在看到的是蚕的卵，叫蚕卵。蚕宝宝睡在里面还没有出来呢！”

二、观察探究

> 放大镜可以帮助幼儿进行细致有效的观察。蚕卵很小，在放大镜下幼儿能够清晰地观察蚕卵的外形特征及内部颜色的变化，也使得幼儿的记录更加准确而细致。

1. 出示放大镜：“为了让小朋友能仔细地观察蚕卵，这里还有一样工具，谁认识它？放大镜可以帮助我们看清楚很小的东西，请小朋友用放大镜仔细地观察蚕卵是什么样的？什么颜色？然后把你的发现记录下来。”

2. 幼儿使用放大镜进行观察。在此过程中，教师要借助提问来引导幼儿进行细致的观察：“每个蚕卵的颜色都一样吗？蚕卵是什么形状的？除了这些，你还有什么发现呢？”

> 芝麻大小的蚕卵在放大镜下能显现出许多成人平时都没有关注到的特征，如：蚕卵的中间有一个小小的凹坑；蚕卵的颜色除了黑色，还有灰色等等。

3. 引导幼儿如实记录自己的发现，教师关注幼儿的记录是否与观察到的现象一致。

幼儿会用不同的表现形式来进行记录。例如：有的用朝下的箭头表示蚕卵中间有凹坑，有的则在椭圆形中间再画个小圈表示凹坑；有的幼儿不仅记录自己的发现，还将这些发现编上数字，表示自己一共有几个发现……教师要鼓励幼儿用自己的方式进行记录和表达（见图二、图三）。

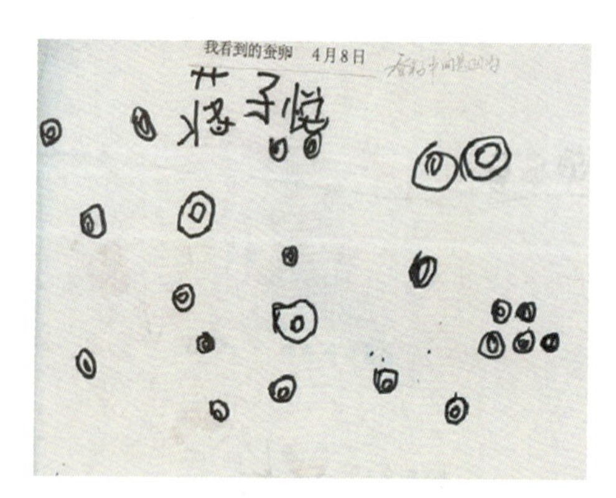

图二

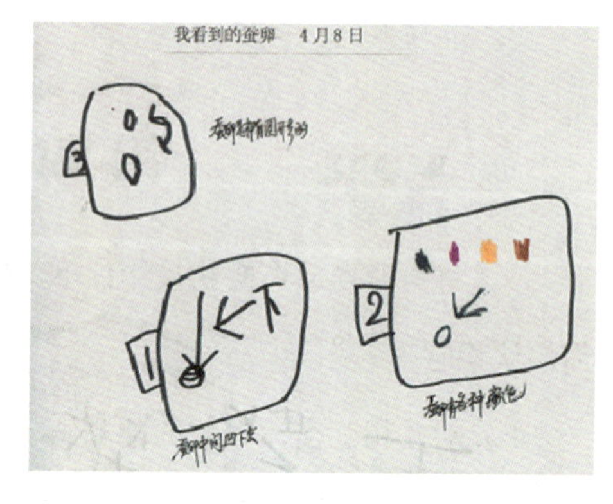

图三

三、交流沟通

1. 幼儿相互交流。

“用放大镜观察蚕卵，你们都发现了什么？它们的颜色一样吗？都是蚕卵，为什么颜色却不一样呢？蚕卵中那条细细的线是什么东西呢？”

2. 提出问题：“蚕宝宝怎样从蚕卵里出来呢？不同颜色的蚕卵生出的蚕宝宝是一样的吗？会有什么不同呢？”

四、提出后续观察要求

教师提出后续观察的要求：“从今天开始，小朋友要关心爱护你的蚕宝宝，每天要去看看它有没有从蚕卵里出来。当你的蚕宝宝爬出来后，要在观察日记中记录下日期。”

★拓展与延伸

1. 科学区域的拓展

将蚕卵放置在自然角中，引导幼儿每天观察并在集体记录表“蚕宝宝日记”中记录出蚕的日期；帮助幼儿认识桑树和桑叶，并与幼儿共同采集桑叶。

2. 相关领域的拓展

在阅读区可以提供有关蚕的图画书。

3. 家庭与园外活动

向家长介绍班级开展的这项活动，家长带孩子认识桑叶、采摘桑叶。

（吴 岚）

活动二：长大的蚕宝宝

★背景

经历了观察、实验、讨论交流的过程，伴随着蚁蚕的慢慢长大，幼儿对蚕的关注度也越来越浓厚，他们常常聚集在一起，自发地谈论着蚕的大小、胖瘦及颜色，有时还会为哪条蚕最大而争论不休。面对幼儿关注的话题，我们设计了“长大的蚕宝宝”活动，旨在通过观察比较，知道眠和蜕皮是蚕生长过程中的重要特点，不同龄的蚕在大小、长短上有所区别，尝试用多种方法进行测量。

★目标与能力

1. 了解眠和蜕皮是蚕生长过程中的重要特点。
2. 探索运用自然物及测量工 具给蚕测量长度的方法。
3. 在实验过程中注意爱护蚕宝宝，做到轻拿轻放。

★资源与材料

1. 经验准备：幼儿观察并记录过蚕眠和蜕皮的现象，幼儿有自然物测量的经验。
2. 物质材料：

教师用

◆ 展示幼儿记录单的黑板 1 块

幼儿用

◆ 将不同发育阶段的蚕分别放在不同的盒子里
◆ 桑叶若干
◆ 小方格纸条、毛线绳、塑料尺、小棍、铅笔各若干
◆ 空白记录纸、记录笔人手 1 份

3. 参与人数：分组教学，18 人以内。

★过程与活动

一、问题导入

1. 提供三组不同龄的蚕让幼儿观察：“蚕宝宝们都长大了。小朋友你们看， 这三盒蚕一样吗？它

教师抓住蚕宝宝蜕皮的现象引发幼儿讨论，能够激起幼儿表达交流的兴趣，从而很好地将所有的幼儿带入到活动中。

们有什么不同？ 它们是怎么从一点小长成这么大的呢？身体长大了，原来的小衣服穿不下，蚕宝宝有什么办法吗？”

2. 幼儿相互交流自己的观点。

3. 教师与幼儿共同总结： 小小的蚁蚕要想长成大蚕，要经过蜕皮的过程，蚕蜕一次皮就长大一些。蚁蚕吃了桑叶后就叫一龄蚕了， 蜕过一次皮的就叫二龄蚕。那你们知道三龄蚕、四龄蚕蜕了几次皮吗？

4. 提出问题：“这么多的蚕宝宝，有的长有的短，你们有什么办法给这些蚕宝宝量量身长？有什么工具可以帮助我们呢？”

5. 幼儿相互交流自己的想法，教师引导幼儿关注蚕宝宝的特殊性，如小、会扭动等。引导幼儿根据蚕的特性，挑选适宜的自然物进行测量。

二、初步探究

1. 提供材料，引导幼儿观察：“这里有一些材料，看看能不能帮助大家给蚕宝宝量量身长呢？”

给蚕宝宝测量身长是极具挑战性的任务。尽管幼儿已积累有关测量的经验，但面对活动的、弯曲的蚕宝宝时，有些幼儿还是会缺少方法。此时，教师不必急于引导，而是应鼓励幼儿多尝试不同的测量工具，不断比较与尝试。

2. 幼儿自由结伴，挑选大龄蚕及各种材料进行实验操作。操作中，教师需提醒幼儿要爱护蚕宝宝，不能用手去拉伸蚕宝宝，测量蚕宝宝在自然状态下的长度。

3. 教师注意引导幼儿尝试并发现最适合测量蚕宝宝长度的材料和方法。

三、交流沟通

1. 幼儿相互交流。

“你用什么方法给蚕宝宝量身长的？ 结果怎样？”

2. 师幼共同讨论测量中遇到的问题。

“你在测量的时候遇到什么困难？谁有解决的办法？”

“小棒是直的，蚕宝宝的身体是弯的，小棒、尺子都太硬，用什么材料更合适给蚕宝宝量个子，而且会更加准确呢？”

3. 幼儿相互交流自己的想法。

四、再次探究

1. 幼儿再次进行测量，教师鼓励幼儿运用不同的材料进行测量。

在第二次的探究过程中，幼儿开始尝试利用能弯曲的材料（毛线、纸条）比画出蚕宝宝的身体，然后再在尺上比对。

2. 幼儿将测量的结果用绘画的方式记录下来。

五、经验分享

1. 展示幼儿记录单：“谁来向大家介绍一下，这次用了什么方法给蚕宝宝测量身长的？结果怎么样？”（见图一、图二）

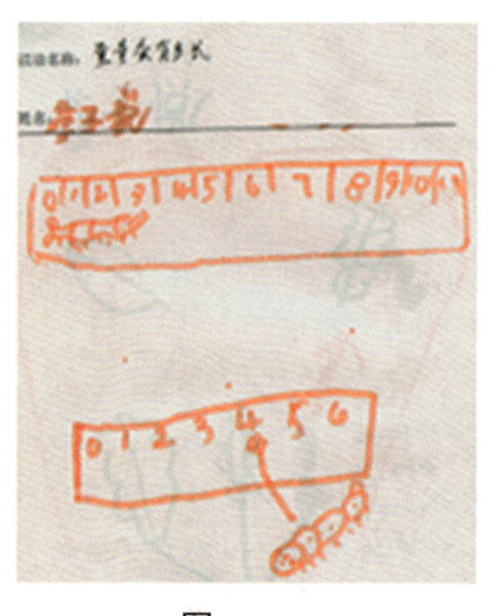

图一

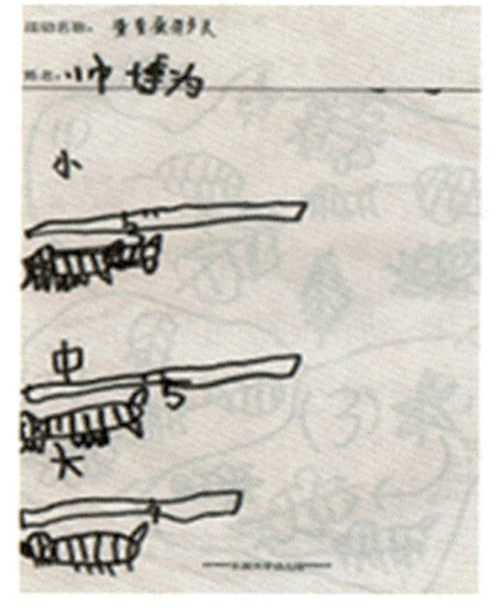

图二

2. 师幼共同小结：今天小朋友想出了很多给蚕宝宝量身长的好办法，有的小朋友用绳子给蚕量长度，有的小朋友用纸条给蚕量长度。不知道你们想过没有，蚕宝宝越长越大，它还会有什么样的变化呢？记得在下面的日子里仔细观察哦！

★拓展与延伸

1. 科学区域的拓展

在科学区域里放置一些纸条、绳子、布条、尺子、个体记录纸、记录笔，供幼儿随时进行实验、记录。

2. 相关领域的拓展

在阅读区提供有关蚕的各种书籍，丰富幼儿的相关经验， 收集蚕蜕皮的视频供幼儿观看；在美工区可以开展用油泥制作蚕宝宝、用绘画工具给蚕宝宝画像的活动。

3. 家庭与园外活动

家长带领幼儿共同收集桑叶，若家中养蚕也可引导幼儿进行测量。

（吴 岚）

活动三：蚕宝宝结茧了

★背景

在随后的观察中，幼儿发现有两条五龄蚕突然不吃也不动了，纷纷担心起蚕宝宝是否生病了。面对幼儿的这些困惑，也为了让幼儿进一步了解蚕生长变化的不同阶段，我们开展了“蚕宝宝结茧了”这样的活动。希望通过这个活动让幼儿了解五龄蚕不吃不动的现象，是蚕生长发育的一个必经过程——结茧，知道蚕结茧时所需场所的特点。本次活动通过观察蚕结茧时所在场所的特点，让幼儿设计并制作适合蚕结茧的“房子”，最终通过实验来验证自己的设计与想法。

★目标与能力

1. 观察蚕吐丝结茧的过程，了解蚕结茧所需场所的特点。
2. 尝试用各种材料为蚕做合适结茧的场所。
3. 能与同伴合作进行操作，体验成功的乐趣。

★资源与材料

1. 经验准备：幼儿已发现五龄蚕昂着头不吃也不动，教室里布置蚕宝宝日记。
2. 物质材料：

幼儿用

◆ 正在吐丝结茧的蚕（每组 1 ～ 2 条）
◆ 蚕茧（每组 2 个）
◆ 各种废旧纸盒（喜糖盒、牙膏盒、药盒子），其数量超过幼儿人数
◆ 卡纸纸条、稻草若干
◆ 剪刀人手 1 把，透明胶带每组 2 ～ 3 卷

3. 参与人数：分组教学，18 人以内。

★过程与活动

一、问题导入

1. 观察蚕茧：“昨天小朋友发现有两条蚕宝宝不吃也不动了，今天我们来看看它们怎么样了？蚕宝宝怎么不见了？这个椭圆形的东西是什么？（蚕茧）它是什么样子的？”

2. 幼儿根据教师提出的问题进行观察并相互交流自己的认识。

3. 教师介绍：“这就是那两条蚕宝宝吐丝结的茧。当蚕第四次蜕皮之后，就是五龄蚕了，这时蚕宝宝就要吐丝结茧，把自己用丝包起来，在蚕茧里变成蛹。”

二、初步探究

1. 引导幼儿观察正在吐丝结茧的蚕：“蚕宝宝是怎样吐丝结茧的？茧结在盒子的什么位置呢？”

2. 幼儿分组自由观察。

在观察中，有的幼儿发现蚕茧一般都集中在盒子的四个角落；有的幼儿发现等待结茧的蚕宝宝总是昂着头四处摇晃，像是在寻找可以依靠的东西；甚至还有个别幼儿发现蚕宝宝在结茧前先要用蚕丝固定几个点好挂住自己的身体和茧。在观察和交流的基础上，幼儿得出了这样的结论：蚕宝宝喜欢在角落里结茧，所以要给它们造一个小小的家！

在让幼儿为蚕宝宝造一间结茧用的“房子”之前，教师先让幼儿观察发现蚕儿吐丝结茧都喜欢在盒子中的什么位置，因为只有在观察的基础上，幼儿才会对蚕结茧所需要的空间有所了解。

三、交流沟通

1. 幼儿交流观察到的情况。

“你看到蚕宝宝是怎么吐丝的了吗？它喜欢在盒子的什么位置吐丝结茧呢？”

2. 幼儿相互交流自己的认识。

3. 提出问题：“我们班还有许多蚕宝宝长大后也要吐丝结茧，我们能为它们做一些什么呢？”

4. 幼儿交流自己的想法，引导幼儿讨论制作“房子”需要的材料以及简单的操作方法。

四、再次探究

1. 出示材料，引导幼儿观察：“老师这里也有一些材料，看看能不能帮助你们？”

2. 幼儿根据自己的设想选择材料进行制作。

3. 教师关注幼儿的操作情况，针对幼儿出现的问题给予及时的指导。

五、经验分享

1. 展示幼儿的作品，引导幼儿相互交流：“谁来向大家介绍一下，你做了一个怎样的房子？用什么材料做的？它怎样帮助蚕宝宝在里面吐丝结茧？”

2. 请幼儿将准备吐丝结茧的蚕放进制作好的小房子里，鼓励幼儿注意观察蚕宝宝是怎样吐丝结茧的。

3. 活动之后，教师鼓励幼儿继续观察幼儿制作的“房子”是否适合蚕宝宝吐丝结茧。观察过程中，教师还应引导幼儿关注蚕吐丝结茧前、吐丝结茧中的身体变化，对其进行细致观察。

Love

在制作“房子”的过程中，幼儿都在遵循“小”的原则，有的幼儿在牙膏盒中加了3块纸板，分割成4间小房；有的用小小的喜糖盒子作为蚕宝宝结茧的家；还有的幼儿干脆用卡纸制作出一个三角形的小盒子。尽管制作出的“房子”都很粗糙，但仍能反映出幼儿对蚕结茧所需场所的了解。

★拓展与延伸

1. 科学区域的拓展

在日常活动中，提醒幼儿把将要吐丝结茧的蚕放进自己制作的各种场所里，引导幼儿仔细观察蚕宝宝在这些场所里是怎样吐丝结茧的，并通过观察寻找出哪种场所最适合蚕结茧。

2. 相关领域的拓展

美工区可以提供绘画材料，让幼儿给蚕宝宝画像；语言区可以提供蚕的相关书籍，了解蚕丝的作用，布置丝制物品的展览。

3. 家庭与园外活动

家长可以向孩子介绍一些助蚕结茧的方法。在有条件的情况下，与孩子一同观察蚕吐丝结茧的过程。

（吴　岚）

活动四：蚕的一生

★背景

在经历过多次观察、比较、交流之后，幼儿对蚕生长变化的各个阶段有了较为全面的了解，但这些经验是片段的、零散的。于是，在蚕宝宝变成蚕蛾产卵之后，我们设计了“蚕的一生”的活动，旨在帮助幼儿归纳总结蚕生长过程中必经的四个重要阶段（卵、幼虫、蛹、成虫），了解蚕是完全变态的昆虫。

★目标与能力

1. 回顾养蚕的全过程，知道蚕的一生要经历卵、幼虫、蛹、成虫四个发育阶段，了解蚕是一种完全变态的昆虫。

2. 能用绘画、标记等形式表现蚕一生的生长变化。

3. 能积极地与同伴分享自己的发现。

★资源与材料

1. 经验准备：历时一个多月的养蚕活动结束了，在这期间教师抓住蚕生长变化的几个重要阶段，引发幼儿观察、交流与探索，了解蚕宝宝生长变化的整个过程。活动中，教师鼓励幼儿对蚕的每一次细微变化都进行相关记录，并张贴在“蚕宝宝日记”中，为幼儿相互交流与分享创设了有利的条件。

2. 物质材料：

教师用

◆ 记录单“蚕宝宝日记”（见图一）

◆ 视频“蚕的一生”

幼儿用

◆ 记录笔人手 1 支

◆ 空白记录单

3. 参与人数：全班。

图一

★过程与活动

一、问题导入

1. 围绕“蚕宝宝日记”，帮助幼儿回顾蚕的生长过程：“还记得蚕卵是什么时候到我们班的？那些蚕卵是什么时候出蚁蚕的呢？蚕宝宝是什么时候又产下许多蚕卵的？”

2. 幼儿根据教师提出的问题进行交流。

二、初步探究

1. 进一步提出问题，引发幼儿的思考：“从蚕卵孵出蚁蚕到蚕宝宝长大又产下蚕卵，一共需要多长时间？在这些天里蚕是怎样生长变化的呢？”

2. 幼儿观察集体记录单，回顾蚕生长发育的全过程并相互交流。

三、交流沟通

1. 提出问题：“谁来说说蚕是怎样长大的？它的一生会经过几个变化的过程？如果用简单的画和标记来记录蚕宝宝一生的变化，你会画什么时候的蚕呢？”

2. 幼儿自由表达自己的想法。

3. 提出记录要求：“请小朋友用画画来记录蚕的一生，想一想可以画哪些内容？怎样画才能既简单又清楚？”

四、再次探究

1. 幼儿用绘画的形式记录蚕的生长变化过程。

2. 在幼儿记录的过程中，教师引导幼儿用简单的画面或标记来记录蚕一生中变化最为明显的阶段。

由于整个饲养的过程都伴随着记录活动，因此幼儿的记录水平也有了很大的提高。多数幼儿都使用了简洁明了的箭头标记来表示蚕不同阶段的生长变化过程，还有个别幼儿用箭头和不同阶段的标记组成一个封闭的圆，由此来表示蚕生长的过程是一个不断循环反复的过程。

五、经验分享

1. 展示幼儿的记录并进行集体交流：“你们觉得哪张记录单画得既简单又清楚，最能表现蚕一生的不同生长阶段？”（见图二）

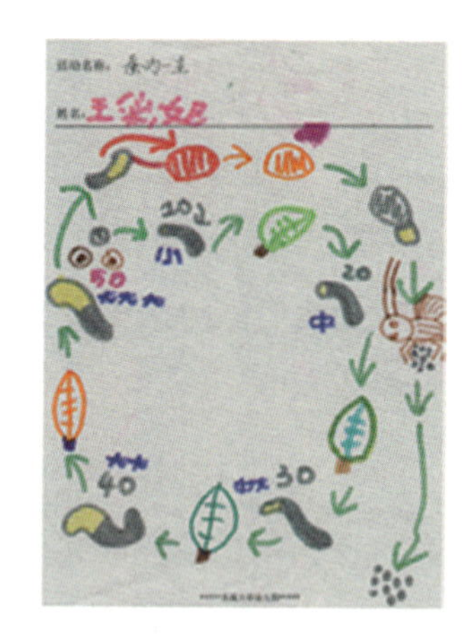

图二

2. 幼儿相互交流自己的观点。

3. 观看视频“蚕的一生”。

4. 师幼共同小结：蚕的一生要经过卵、幼虫、蛹、蛾子四个阶段，而且每一次变化都很大，模样和变化前一点都不一样。从蚁蚕到五龄蚕这段时间叫幼虫，蛾子才是蚕的成虫。

Love

饲养蚕宝宝的活动带给幼儿的不仅仅是观察、表达、记录等能力的提高，更为可贵的是，通过饲养活动帮助幼儿建立起对小动物的关心呵护之情以及一份责任心，这应该是科学教育的可贵之处吧！

5. 提出新问题：“你还知道哪些动物也像蚕这样，刚出生的时候和长大的样子完全不一样？”

6. 幼儿简单交流。

★拓展与延伸

1. 科学区域的拓展

请幼儿收集与蚕具有相同生长变化过程的动物图片，布置“动物的超级变变变”主题墙饰，让幼儿在欣赏、交流的过程中，丰富对完全变态生物的了解。

2. 相关领域的拓展

阅读区提供相关的科普读物，供幼儿欣赏；还可以提供蚕在不同时期生长变化的视频给幼儿观看，帮助幼儿进一步了解蚕的不同发展阶段的外形特征。

3. 家庭与园外活动

家长与孩子一同收集相关图片，寻找与蚕具有相同生长变化过程的动物，了解什么是完全变态。家长还可以让幼儿将蚕与其他动物的一生进行比较，体会生命的多样性。

（吴 岚）

二、小组探究活动

小组探究活动中的教师支持策略

	教师支持策略
内容选择	1. 从现阶段开展的主题活动中，筛选适宜的探究内容 2. 从幼儿感兴趣的话题中，挑选出适宜其认知能力的探究内容 3. 从幼儿需要完善的科学经验中，挑选适宜的探究内容 4. 从集体探究活动中延伸出的新问题进行选择探究内容
活动准备	1. 活动场地应安排在便于幼儿专注地探究的空间 2. 提供丰富而有层次的材料，满足不同发展水平的幼儿 3. 根据活动的需要提供操作示意图，为幼儿自主探究提供支持 4. 提供有多种组合、玩法的游戏材料，给予幼儿自由的探究空间 5. 设计记录单，让幼儿记录探究过程中的发现 6. 在环境布置中，呈现幼儿探究过程中的发现与问题，便于幼儿交流与回顾
探究过程	1. 观察幼儿的探究行为，不贸然干涉幼儿的操作，创设自由的探究氛围 2. 给予幼儿充分的探究时间，对幼儿自创的游戏玩法给予支持与理解 3. 鼓励幼儿自主发现问题、提出问题、解决问题 4. 鼓励同伴间的相互交流与启发 5. 面对有困难的幼儿，教师借助问题引导幼儿进行思考 6. 在幼儿充分探究的基础上，开展集体交流与回顾，引导幼儿解决问题和梳理相关的科学经验

拧螺丝

★材料准备

泡沫板 1 块；粗细、长短不同的螺丝 5 ～ 6 个，固定在泡沫底板上；螺帽若干；分类盒 1 个（分类放置各种大小不同的螺帽）。

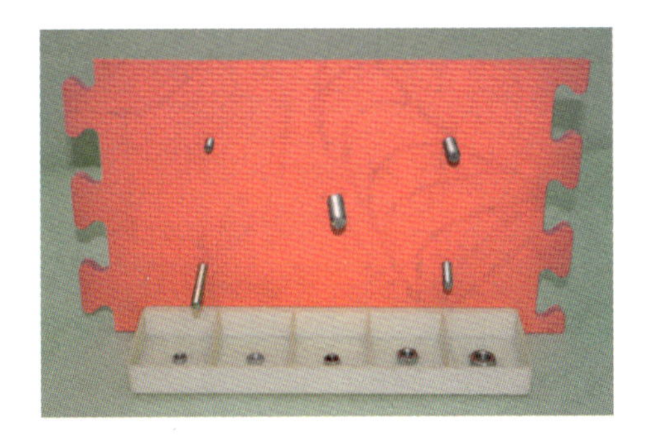

★游戏过程

1. 做一做、玩一玩

◆ 看看泡沫板上有什么？这些螺丝一样吗？

◆ 分类盒里有许多螺帽，它们一样吗？请你给每个螺丝都找到螺帽做好朋友，这个螺帽要不大也不小，正好拧到螺丝上。

◆ 拧螺帽的时候要注意朝一个方向转动，把螺帽一直转到螺丝的底部。

2. 记一记、说一说

拧好后，和好朋友说说你给螺丝找到了什么样的螺帽做朋友。

3. 问一问、想一想

你给每个螺丝都找到螺帽了吗？仔细看看不同的螺丝找的螺帽一样吗？细的螺丝要找什么样的螺帽？粗的螺丝呢？

你知道吗

螺丝与螺帽是相匹配的，螺丝和螺帽可以帮助我们来拧紧和固定许多的东西，是生活中我们离不开的小帮手呢！

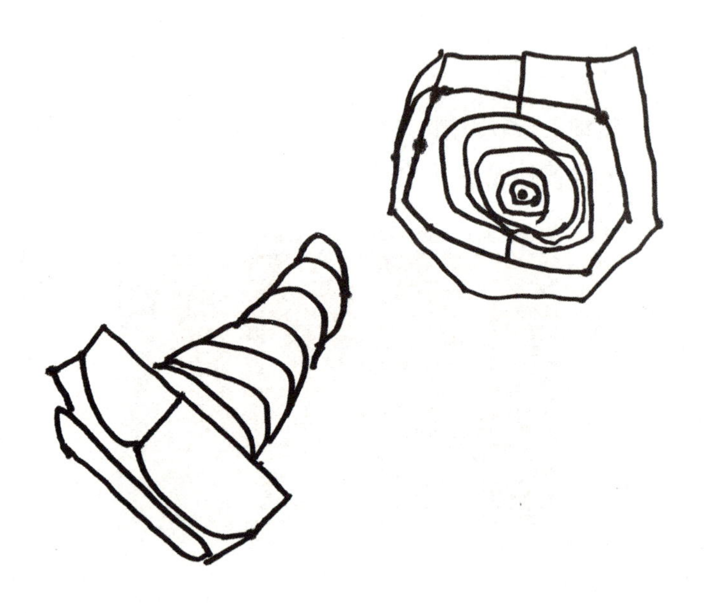

小班活动 2

好玩的筛子

★材料准备

绿豆、黄豆和大白芸豆混合装在盆里；小篓子 3 个，内贴绿豆、黄豆和大白芸豆的标记；小勺子、大托盘各 1 个；筛孔大小不一的篓子、漏勺、蒸屉若干。

★游戏过程

1. 做一做、玩一玩

◆ 豆子都混在了一起，如果要把绿豆、黄豆和大白芸豆分开，你有什么好办法吗？这里有很多工具，哪种工具能帮助你们呢？请小朋友来试一试。

◆ 先选择一种有孔的工具放在大托盘上，然后用小勺子在盆里舀一勺豆子，倒在有孔的工具上。两手抓好工具两边左右晃动，看看会发生什么？

◆ 筛完后看一看是不是有些豆子被分离出来了呢？如果不能，就换一种工具再试试吧。

2. 记一记、说一说

和好朋友说一说，你用哪些工具分开了绿豆、黄豆和大白芸豆？你最喜欢用哪个工具？

3. 问一问、想一想

你和好朋友使用的工具是同样的吗？哪种工具最好用呢？为什么有些工具可以分开绿豆、黄豆或者大白芸豆，有些工具就不行呢？

筛子是生活中很常见的一种工具，它可以帮助我们将颗粒大小不同的物品分离。小颗粒的物品在筛子的晃动中会从筛孔掉落下去，而大颗粒的物品会留在筛子中。

小班活动 3

猜猜我是谁

★材料准备

森林背景图 1 张，上面有可以翻起的遮挡物，如草丛、大树、河水等；遮挡物下有露出部分明显特征的小动物 5～6 只，如大树上露出猴子的长尾巴、草丛中露出兔子的长耳朵等。

★游戏过程

1．做一做、玩一玩

森林里小动物们在玩捉迷藏游戏，看看它们躲在了什么地方？仔细看看它们露出来的部分，你能猜出来它们是谁吗？

2．记一记、说一说

一边猜一边说：躲在树上的是 ××，躲在草丛里的是 ××，躲在……猜完后可以打开遮挡物看一看，自己猜得对不对。

3. 问一问、想一想

有哪些小动物躲起来了？你从什么地方看出来是这些小动物的？

每种动物都有与众不同、特征明显的地方，如猴子有长尾巴、兔子有长耳朵、大象有长鼻子等。仔细观察每个动物的生活场景，结合它们的典型特征，你很快就能猜出它们是谁了！

小班活动 4

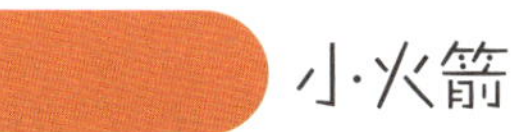

小火箭

★材料准备

300 ～ 600 毫升的塑料瓶（矿泉水瓶、可乐瓶等）；粗吸管；厚薄不同的纸张制作的锥形火箭头若干（此游戏也适宜作为集体活动“飞出的纸片”的拓展活动）。

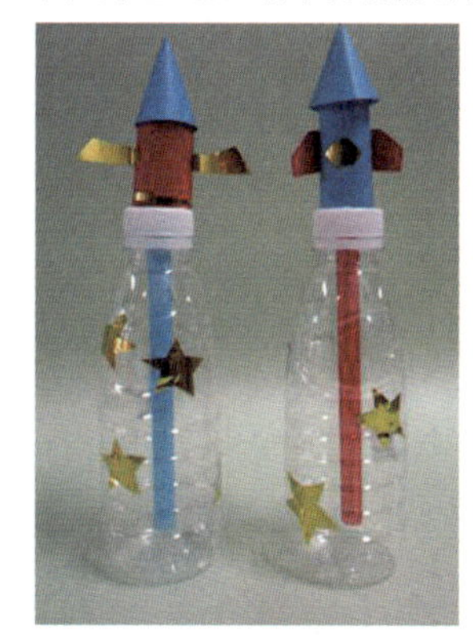

★游戏过程

1. 做一做、玩一玩

◆ 把锥形火箭头扣在塑料瓶口上，双手手掌微曲，拍打瓶身，看一看，小火箭会怎样？

◆ 试一试不同的火箭头，发射出去的情况一样吗？你有什么发现？

2. 记一记、说一说

◆ 当你拍打瓶身时，小火箭怎样了？

◆ 你是怎么拍打瓶身的？轻轻拍打瓶身时，小火箭会怎样？重重拍打瓶身时，小火箭又会怎样？

◆ 有什么方法可以让小火箭发射得更高、更远呢？

3. 问一问、想一想

为什么小火箭会飞起来，是什么让它飞起来的呢？为什么轻的火箭头能很轻松地被发射出去呢？

用手拍打、挤压塑料瓶时，瓶中的气体从瓶口处猛地喷出，气流冲击产生的力量会推动小火箭向上飞出。轻轻拍打时产生的气流冲击力小，小火箭飞得低一些；重重拍打时产生的气流冲击力大，小火箭飞得就高。在同等用力的情况下，轻的火箭会飞得高、飞得远，而重的火箭则飞起困难。小朋友，快来试试吧！

小班活动 5

摸一摸

★材料准备

自制摸箱上固定2个盒子，盒子上分别贴有实物（海绵与积木，分别表示软和硬）；软糖、海绵、棉花、毛绒小动物、沙袋、毛线、硬糖、积木、木珠、球、插粒若干。

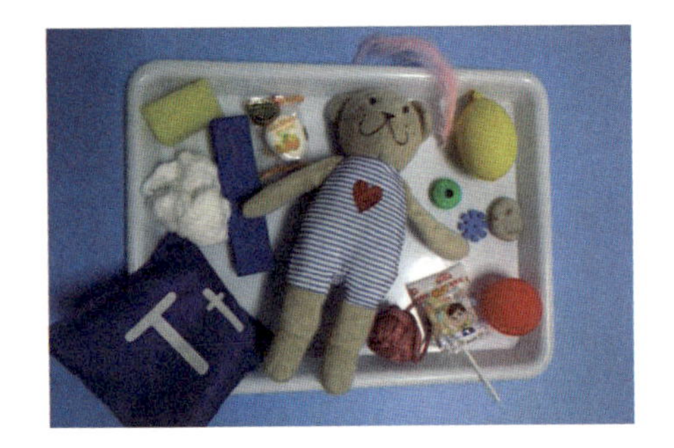

★游戏过程

1. 做一做、玩一玩

◆ 蓝色的盒子上贴的是什么？摸上去有什么感觉呢？哪个是软软的，哪个是硬硬的呢？

◆ 在神秘的摸箱里也藏着许多软软硬硬的物品，请你自己伸手进去摸摸看吧！

◆ 把摸上去软硬不同的物品分别放在相应的盒子里。

2. 记一记、说一说

◆ 说一说你摸到了什么，摸上去有什么感觉。

◆ 每个盒子中都放了哪些东西？为什么要把它们放在一起？

3. 问一问、想一想

盒子里的东西看不见，你是怎么找出软硬不同的物品的？是什么帮助了你？

你知道吗

在神秘的摸箱中寻找软软硬硬的物体，可以训练小朋友手的触觉。大家快来试一试，看看你还能有什么其他的发现。

小班活动 6

美丽的蝴蝶

★材料准备

泡沫板（装饰成草地）；不同花纹、大小的蝴蝶翅膀若干；用瓦楞纸、卡纸制作的蝴蝶身体（在两侧各剪一段缺口），顶端贴上触须。

★游戏过程

1. 做一做、玩一玩

◆ 这里有很多蝴蝶翅膀，你能找到两个大小、花纹都相同的翅膀吗？

◆ 找到后将相同的翅膀插在蝴蝶身体的两侧，变成美丽的蝴蝶。

2. 记一记、说一说

这是一只什么样的蝴蝶？它翅膀左右的花纹一样吗？是什么样的？

3. 问一问、想一想

你是怎么找到完全相同的两只翅膀的？

五彩缤纷的颜色可以帮助蝴蝶隐藏自己、伪装自己和吸引同伴。大多数蝴蝶的翅膀在颜色、图案上都是左右对称的。仔细看一看、找一找，你也来制作几只美丽的蝴蝶吧！

中班活动 1

小动物洗澡

★材料准备

“花洒”若干个（花洒制作方法：①用工字钉在小号矿泉水瓶四周 戳出小孔，小孔位置在距离瓶底1～6厘米之间的区域内。②在矿泉水瓶的底部戳出若干小孔）；橡皮小动物玩具若干；漏斗、水勺等玩水工具若干；盆；水（此游戏也适宜作为集体活动“好玩的水”的准备活动）。

★游戏过程

1. 做一做、玩一玩

天气好热啊！小动物要来洗澡了，你会想办法让瓶子花洒喷出水来给小动物洗洗澡吗？你能玩出几种方法呢？

玩法一：把矿泉水瓶子灌满水后拧好盖子，然后挤压瓶身，瓶内的水会从小孔中喷洒出来。

玩法二：把矿泉水瓶子灌满水后拧紧盖子，然后再慢慢打开瓶盖，瓶中的水就会从小孔中喷出来。

玩法三：向矿泉水瓶中不断地灌水，保持瓶中足够的水位，让瓶中的水从瓶身上的小孔中喷出来。

2. 记一记、说一说

和好朋友说一说你是用什么方法让水喷洒出来的？

3. 问一问、想一想

当你打开灌满水的瓶子盖子时，水为什么会一下子喷洒出来？

瓶子中的水受到了手的挤压、水自身的压力或者是空气的压力就会从瓶身的小孔中流出，形成漂亮的花洒。

中班活动 2

跳舞的纸屑

★材料准备

涤纶纸蒙在空心罐子的上方，用牛皮筋固定，形成一个简易的鼓面；纸屑；盘子；铃鼓。

★游戏过程

1. 做一做、玩一玩

◆ 不用手敲击涤纶纸的纸面，你能让纸屑跳动起来吗？

◆ 请你先轻轻敲击铃鼓再重重敲击铃鼓，观察纸屑跳动得一样吗？

◆ 尝试在罐子的不同方位（上面、侧面）敲击铃鼓，纸屑跳动又会有什么不同呢？

2. 记一记、说一说

和小朋友说一说你的发现，看看你们的发现一样吗？

3. 问一问、想一想

为什么不用手碰触纸面，这些纸屑也能自己跳动起来呢？

你知道吗

小朋友，你们发现了吗？铃鼓震动时所发出的声音可以让涤纶纸面震动，这种震动虽然看不见，但它却能够让细小的纸屑不停地跳动起来。

中班活动 3

变色的陀螺

★材料准备

白色圆形陀螺底板（直径约 5 厘米）；红、黄、蓝 3 种颜色的贴纸（贴纸提供几种不同的规格，如 1/4 圆、3/4 圆、1/2 圆等）；牙签若干。

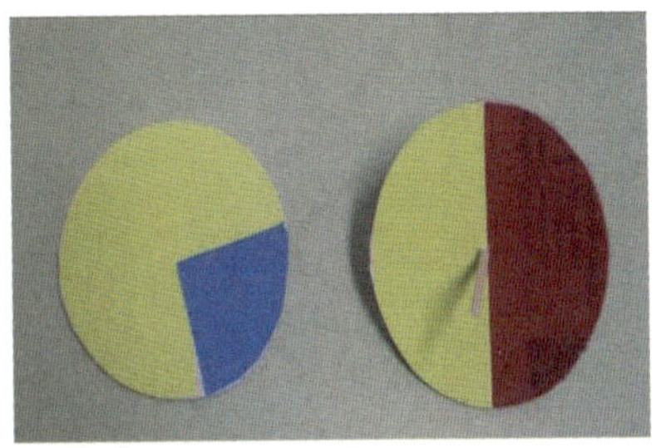

★游戏过程

1. 做一做、玩一玩

◆ 挑选两种自己喜欢的颜色贴纸，将白色圆形陀螺底板贴满，不能留出空白。

◆ 用牙签穿过中心点，一半留在底板上，一半留在底板下。

◆ 转动牙签，看看彩色陀螺呈现出什么颜色？

2. 记一记、说一说

你和好朋友的陀螺图案装饰得一样吗？转动时颜色一样吗？

3. 问一问、想一想

◆ 同样是黄、蓝两种颜色装饰的陀螺，转动时看到的颜色一样吗？

◆ 为什么会有不同呢？

陀螺转动时，不同的颜色在视觉中重叠，会使转盘的颜色呈现各种不同的色彩。即使是相同的两种颜色，由于颜色所占的比例不同，转动后的颜色也是不一样的。

中班活动 4

大象顶盘子

★材料准备

铅笔（卡通大象贴在铅笔上，将铅笔的橡皮头从大象鼻子后正中间露出）；用吹塑纸或硬卡纸剪出的各种形状（方形、圆形、梯形、三角形、五角星形等）的盘子；圆点标记若干。

★游戏过程

1. 做一做、玩一玩

请小朋友试着用“象鼻”（铅笔的橡皮头）去顶一顶各种形状的盘子，你能把这些盘子稳稳地顶起来并坚持 5 秒钟吗？

2. 记一记、说一说

◆ 你用象鼻把盘子顶起来了吗？

◆ 你顶的是什么形状的盘子？象鼻顶在了盘子的什么位置？

◆ 如果你能稳稳地顶住盘子，就在象鼻顶着盘子的位置上用圆点进行记录。

◆ 可以邀请好朋友也来试一试，在你做的这个圆点标记上，他的象鼻能不能将盘子稳稳地顶住。

3. 问一问、想一想

你发现象鼻顶在盘子的什么位置才可以顶住盘子？换其他地方可以吗？这是为什么呢？

每个平面图形都有自己的重心，只要将支点支撑在图形的重心上，就能够保持图形平衡。将橡皮头作为支点，可以保证有大小合适的接触面，也就比较容易找到图形的平衡点。

中班活动 5

毛茸茸的刺猬

★材料准备

磁粉；透明塑料盒；刺猬图；各种不同形状的磁铁（此游戏也适宜作为集体活动“磁铁能吸什么”的拓展活动）。

★游戏过程

1. 做一做、玩一玩

◆ 拿一块你喜欢的磁铁，放在透明盒子的下方。慢慢移动手中的磁铁，仔细观察，你能看到什么呢？

◆ 试着用不同形状的磁铁玩一玩，看看你会有什么不同的发现。

2. 记一记、说一说

当手中的磁铁在盒子下方移动时，你都有哪些发现？

3. 问一问、想一想

用不同大小形状的磁铁吸磁粉，你的发现是一样的吗？有什么变化？磁铁离开盒子底部或紧贴盒子底部时，磁粉会有变化吗？磁粉的花纹是否也有所不同呢？

磁铁是有磁力的，不同的磁铁，磁力大小也不相同。同一块磁铁的磁力会受距离的影响而发生变化。所以，当你拿着不同的磁铁靠近或远离盒子时，看到的现象也会不同呢！

中班活动 6

移动纸片

★材料准备

宽口塑料杯；吸管；小纸片（纸片要大于吸管的管口）；盘子；记录单；表情印章。

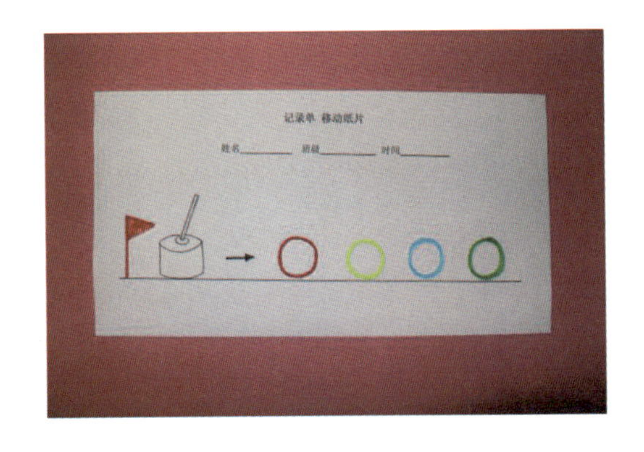

★游戏过程

1. 做一做、玩一玩

◆ 杯子里有很多纸片，你能用吸管把杯子里的纸片送到盘子里去吗？如果想顺利地将纸片从杯子里转移到盘子里，不掉在桌上，应该怎么办呢？

◆ 盘子可以摆放得有远有近，谁能把杯子里的纸片移动到较远的盘子里？越远越好哦！快来试一试吧！

2. 记一记、说一说

◆ 你最远能移动到哪个位置呢？请你在记录单上相应的距离标记处，印上一个笑脸标记。

◆ 和好朋友说说你是怎么移动纸片的，还可以和同伴一起比一比哦！

3. 问一问、想一想

为什么有时候纸片会从吸管上掉下来？如果想让纸片比较长时间地吸在吸管上，应该怎么做呢？

当我们吸气时，小纸片会被吸管外的空气稳稳地托住让它在吸管的底部不掉下来；当我们停止吸气时，吸管外的空气无法托住纸片，所以纸片就会掉落下来。

中班活动 7

打气球

★材料准备

彩色气球若干；手动打气筒；装饰气球用的多色油性笔；封口用的各种工具（橡皮筋、燕尾夹、气球托等）。

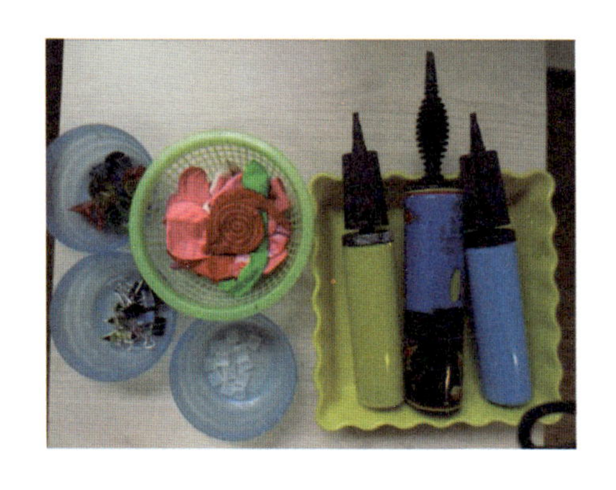

★游戏过程

1. 做一做、玩一玩

◆ 你会打气球吗？你知道气球怎样才能鼓起来呢？

◆ 充足气的气球，怎样才能不漏气呢？这里有很多辅助材料，你来试一试，哪个更好用？

◆ 你还可以用彩笔将气球装饰上自己喜爱的图案。漂亮的气球可以装饰教室，也可以作为游戏工具和同伴一起玩耍。

2. 记一记、说一说

和好朋友交流一下打气球的经验吧！你觉得哪个工具更好用？你有什么好办法很快给气球充足气？

3. 问一问、想一想

你知道是什么让气球越鼓越大吗？

我们打气球时，会有许多空气被充进气球里面，这时候气球就会鼓起来。空气虽然看不见也摸不着，但它却无处不在。

中班活动 8

吹一吹

★材料准备

抽纸盒制作的房屋（房屋的门挖空）；羽毛、皱纹纸、小瓶盖、棉花、橡皮、涤纶纸条等；吹气工具（打气筒、扇子、手动鼓风机、洗耳器）。

★游戏过程

1. 做一做、玩一玩

◆ 这里有羽毛、皱纹纸、小瓶盖等材料，借助旁边的这些工具，你能将它们送进房子里吗？

◆ 也可以找个好朋友一起比赛，看谁送回家的玩具多哦！

2. 记一记、说一说

◆ 你觉得哪种材料能够被轻松地送回家呢？为什么？

◆ 在送玩具回家时，你觉得哪种工具最好用？

3. 问一问、想一想

◆ 不同的工具送同样的材料，哪种工具能让材料快速地回到家里？是什么原因呢？

◆ 相同的工具送不同的材料，哪种材料更容易快速地回到家里？是什么原因呢？

这些工具都能够吹出风来，但是不同的工具制造风的能力是不一样的。物品越轻越容易被风吹动，所以轻飘飘的羽毛、纸片很容易就能被送到家中；而体积越大、重量越重的物品是很难被风吹动的，移动也就很困难。

中班活动 9

飞来飞去的蝴蝶

★材料准备

大纸箱，内部贴有背景图（四角和中间分别画有气球、小花、树林、小鸟、太阳、云朵等）；蝴蝶卡片，用吸管直立固定在瓶盖上；手电筒（此游戏适宜作为集体活动“有趣的影子”的拓展活动）。

★游戏过程

1. 做一做、玩一玩

◆ 春天来了，蝴蝶到处飞呀飞，一会儿飞到了云朵上，一会儿飞到了草地上……你能用手电筒把蝴蝶的影子照射在不同的地方吗？

◆ 可以试着给蝴蝶换一个位置，你还能把蝴蝶的影子落在背景图上不同的地方吗？

2. 记一记、说一说

◆ 一边玩一边说：蝴蝶飞到了 ×× 地方。

◆ 可以自己一个人玩，也可以和好朋友一起玩。一个人发出指令：蝴蝶飞到 ×× 地方，另一个人根据指令让蝴蝶的影子落在背景图相应的位置上。

3. 问一问、想一想

你的蝴蝶飞到了哪些地方？你的手电筒在什么地方照射，蝴蝶的影子就能落在草地上？落在大树上？落在……上？

光线是沿着直线传播的，光照到蝴蝶身上的时候，蝴蝶的影子就会出现在光源正对面。随着手电筒光源的位置变化，影子的位置也会发生变化。

大班活动 1

蚕宝宝日记

★材料准备

记录单；便笺纸；彩色笔（此游戏适宜作为集体活动“蚕卵”的延伸活动）。

蚕宝宝日记

4月

星期一	星期二	星期三	星期四	星期五	星期六	星期日
		1	2	3	4	5
6	7	8	9	10	11	12
13	14	15	16	17	18	19
20	21	22	23	24	25	26
27	28	29	30			

★游戏过程

1. 做一做、玩一玩

◆ 请小朋友每天观察蚕卵有什么变化？

◆ 看看刚出来的蚕宝宝长什么样？怎么吃桑叶的？便便是什么样的？比比谁的发现多！

2. 记一记、说一说

◆ 记得把你的发现画下来哦，并且把记录的便笺纸贴在相应日期的格子中。

◆ 记录好之后，别忘了和小朋友介绍自己的发现哦！

3. 问一问、想一想

蚕宝宝长大以后还会发生什么变化呢？

蚕的一生经过卵、幼虫、蛹、成虫四个不同的发育阶段，所以蚕是完全变态的昆虫。蚕喜欢吃桑叶，吐出的丝可以做成丝绸围巾或衣服。蚕的粪便叫蚕沙，用其做成的蚕沙枕头对身体还有好处呢！

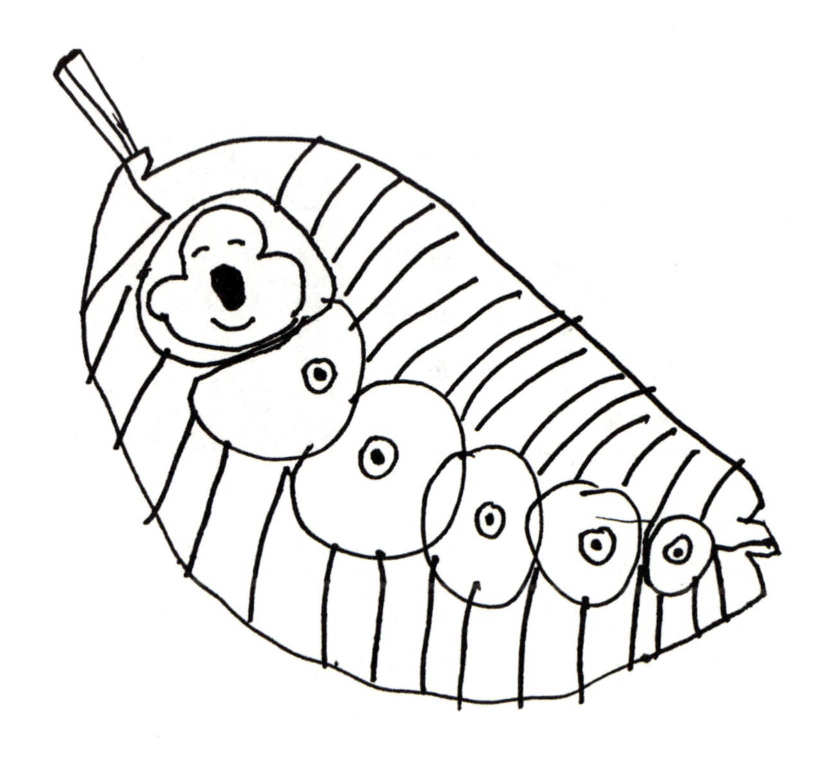

大班活动 2

大力士桥

★材料准备

2 块长条积木；塑料垫字板（贴好桥墩的定位标志）；打印纸；玩具小汽车；笔；记录单。

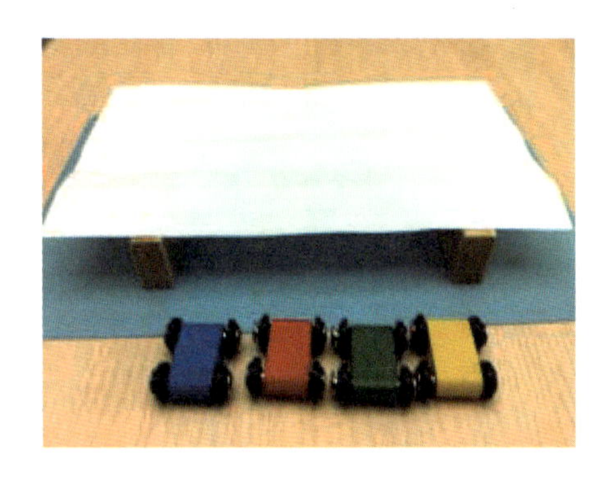

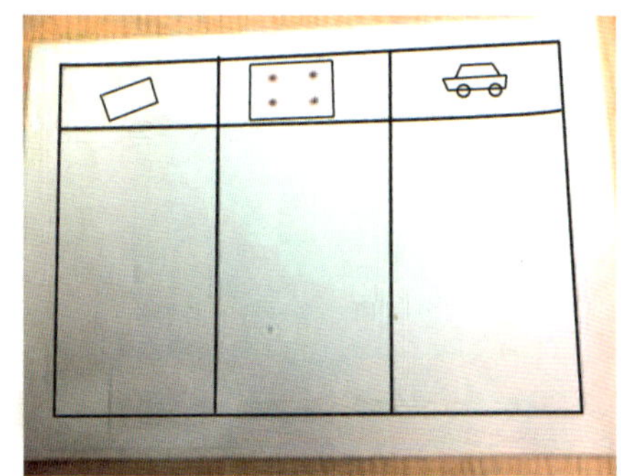

★游戏过程

1. 做一做、玩一玩

◆ 你会用纸制作一座大力士桥吗？即使在桥面上放好几辆汽车，桥面也不会倒塌下来。

◆ 你可以试着改变打印纸的形状，也可以试着变化桥墩的位置哦！

2. 记一记、说一说

◆ 如果你改变了纸的形状，让桥面有了力气，你就在纸标记的下面画出纸变形后的样子，在汽车标记下面用数字记录桥面停放汽车的数量。

◆ 如果你给桥墩调整了位置，请标明两个桥墩是放在了花朵标记的外边还是里面，在桥墩标记的下面画出你摆放桥墩的位置。最后在汽车标记下面用数字记录桥面停放汽车的数量。

◆ 记录之后和好朋友介绍一下你的好方法。

3. 问一问、想一想

你用了什么方法让打印纸桥面变成了大力士桥？你觉得这是什么原因呢？

桥墩之间的距离越近，桥面的承载力就越大。桥面形状改变了、折叠的次数增加了，也会增加桥面的承载力。小朋友都来试一试吧！

大班活动 3

分一分　记一记

★材料准备

A4 白纸 1 张；塑料托盘 1 个；黑色记号笔 1 支；分类用的若干种物体（如橡皮球、积木、塑料积木、毛根、塑料纽扣、有机玻璃立方体、有机玻璃圆柱体、钢球、钢制垫圈、大号回形针、软木塞、海绵等等）。

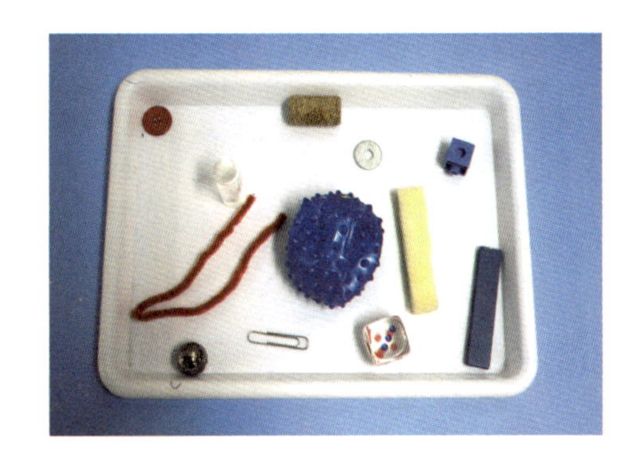

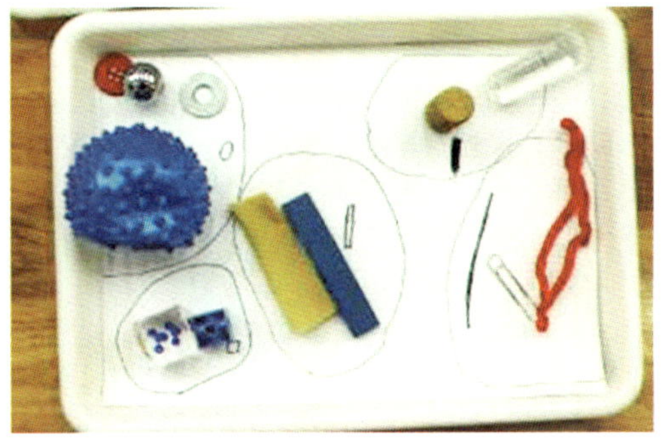

★游戏过程

1. 做一做、玩一玩

◆ 请小朋友将所有的材料摆放在塑料托盘的白纸上，看看它们有什么不同的地方和相同的地方。

◆ 把有相同特性的材料放在一起，并用笔把它们圈画在一起。

2. 记一记、说一说

◆ 圈画在一起的材料哪里是相同的呢？请小朋友先说一说。

◆ 画上相应的标记来表示它们相同的地方，记得要让大家一看就知道放在一起的材料什么地方是相同的。

3. 问一问、想一想

◆ 除了这种分法，你还有其他的分法吗？再试试吧！

◆ 小朋友，你有没有发现，红色的塑料纽扣可以和红色毛根放在一起，有人也把它和皮球、铁环放一起。你知道为什么可以这样做吗？

物体之间存在许多不同之处，有颜色不同、形状不同、软硬不同、光滑度不同等等，所以，大家的分类标准不一样，分出来的结果也是不同的。

大班活动 4

记录天气

★材料准备

天气记录表；天气图标、风力图标若干；胶棒。

天气记录表

5月

星期一	星期二	星期三	星期四	星期五	星期六	星期日
		1	2	3	4	5
6	7	8	9	10	11	12
13	14	15	16	17	18	19
20	21	22	23	24	25	26
27	28	29	30			

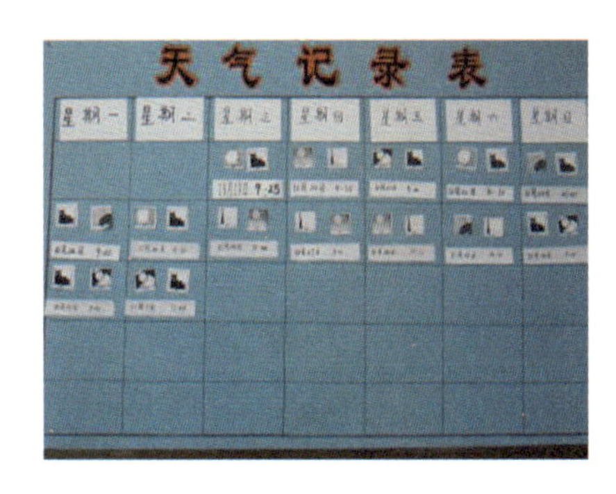

★游戏过程

1. 做一做、玩一玩

◆ 今天是什么天气？晴天、阴天，还是多云？今天下雨吗？有没有风？你是怎么知道今天的天气状况的？

◆ 请小朋友选择相应的图标记录在“天气记录表”上。

2. 记一记、说一说

◆ 和好朋友说说今天的天气如何，告诉大家你是怎么知道今天的天气的。听听大家的想法和你是一样的吗？

3. 问一问、想一想

记录表全部填完后，请小朋友数一数，一个月里一共有几天是晴天？几天是阴天？几天在下雨？

天气和我们的生活息息相关，每一天、每一时，天气、风力都在不断发生着变化。小朋友要学习了解身边的天气，学习通过天气预报关注天气的变化。

大班活动 5

平平稳稳

★材料准备

小积木 1 块，积木中间位置用黑色水彩笔画一条黑线；20 厘米长的直尺一把，在 5 厘米、6 厘米、8 厘米处分别贴上红、绿、紫色圆点；大小相同的彩色雪花片若干。

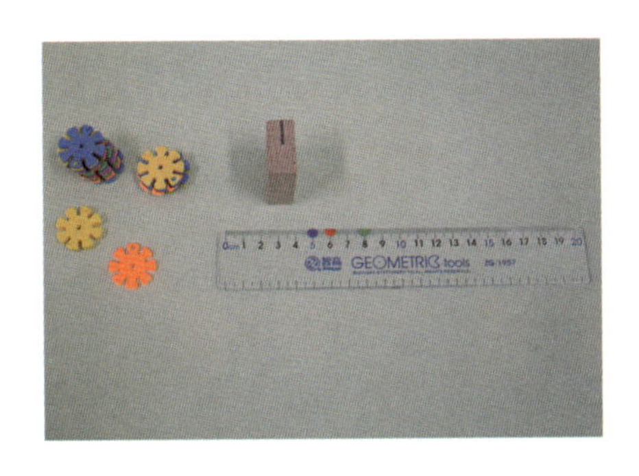

★游戏过程

1. 做一做、玩一玩

◆ 你会将尺子平平稳稳地摆放在积木上吗？当尺子放平稳时，尺子的什么地方对准积木上的黑色线条呢？

◆ 选择一个彩色圆点对准积木上的黑线作为支撑点，在尺子翘起的一端放上雪花片，你还能保持尺子的平稳吗？

◆ 选择不同颜色的圆点作为支撑点，看看每种颜色的支撑点需要放置多少雪花片才能让尺子保持平稳。

2. 记一记、说一说

在记录单上将自己的好办法记录下来。和你的好朋友说一说，你是用了什么好办法让尺子保持平衡的呢？

3. 问一问、想一想

反复移动尺子的摆放位置，你有什么发现呢？

当尺子的左右两侧一样长时，尺子可以平稳地摆放在积木上。如果右侧的尺子变长时，只要在左边的一端加上重物就可以保持它的平衡。右侧的尺子越短，左侧的雪花片就越少；右侧的尺子越长，左侧的雪花片则需要得越多。

大班活动 6

寻找镜中的小丑

★材料准备

镜中小丑图（画面呈现的是小丑的背影和1面镜子，镜子里有小丑的脸部图像）；小丑卡片 6 个（反面贴有号码）；镜子 1 面；记录单 1 张（此游戏也适宜作为集体活动“有趣的单面镜”的拓展活动）。

★游戏过程

1. 做一做、玩一玩

◆ 仔细观察镜中的小丑，猜猜会是哪个小丑在照镜子呢？

◆ 这里有 6 个小丑，请你来照一照，就知道镜子里的小丑究竟是谁了。

2. 记一记、说一说

◆ 如果找到了镜中的小丑，请你将他的号码记下来。

◆ 和你的好朋友一起看一看、说一说，你猜的是几号小丑？找到的又是几号小丑？

3. 问一问、想一想

你眼睛看到的小丑和镜子里的小丑一样吗？有什么不同吗？

物体在平面镜中的像和实际物体大小是相同的，但是物体在镜中的像和实际物体是左右相反哦！

大班活动 7

拧螺丝

★材料准备

各种螺丝（一字槽、十字槽、内方插口、内六角、梅花带槽等类型的螺丝若干，大小、粗细各不相同）；各种螺丝刀（一字头、十字头、内方头、内六角头、梅花头等与螺丝配套的工具）；底板，上有与螺丝配套的孔。

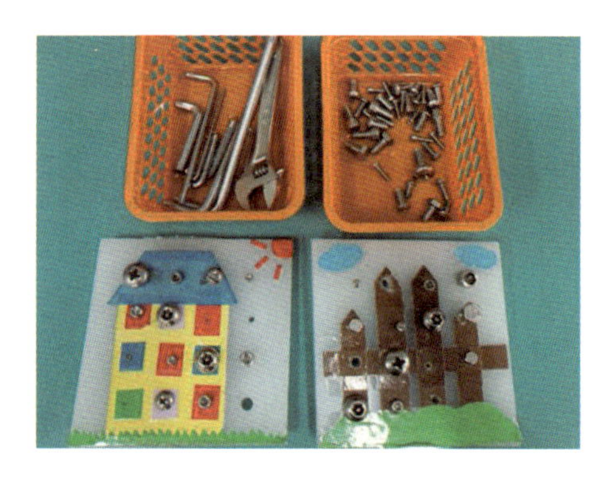

★游戏过程

1. 做一做、玩一玩

◆ 你会用工具将这些螺丝拧紧在底板上吗？

◆ 试一试，什么样的螺丝用什么工具拧最合适呢？和好朋友一起来玩吧！

2. 记一记、说一说

◆ 和好朋友一起说说，哪种螺丝最好拧？

◆ 你是用哪个工具把螺丝拧紧的？

3. 问一问、想一想

你知道生活中还有哪些常用的工具吗？这些工具都能帮助我们做些什么事情？

你知道吗

不同粗细的螺丝需要拧在不同大小的孔中，而且不同螺丝所需要的螺丝刀也是不一样的。你要仔细看清螺丝顶部的形状，才能选择出正确的螺丝刀。

三、探究故事

羞答答的萌萌

——对不自信幼儿的教师支持策略

吴　岚

每个幼儿都是一个独立的个体，他们会因为性格特点、兴趣爱好、能力与经验的不同，在相同的活动中有着差异明显的行为表现：有的积极主动，有的害羞退缩；有的善于表达，有的沉默无语；有的善于合作，有的霸道要强。然而，在日常的教育教学过程中，教师常常会忽略幼儿的这些差异，“一视同仁”地按照预设的方案开展活动，或者即使注意到了这些差异，但因缺乏有效的应对措施而听之任之。显然，这样的教育思路或实践是与幼儿教育的要求相悖的，正如《3～6岁儿童学习与发展指南》所指出的：“要充分理解和尊重幼儿发展进程中的个体差异，支持和引导他们从原有水平向更高水平发展，按照自身的速度和方式到达指南所呈现的发展阶梯，切忌用一把尺子衡量所有幼儿。”近两年来，我园一直在开展“基于幼儿个体差异的科学探究活动中教师支持策略的研究”，对这一方面的工作进行了初步的探索，也积累了一些实证的素材与体会，特别是针对不自信的孩子，教师该如何进行有效的引导与支持。本文试以萌萌的故事为例，初步整理我们的一些认识与做法。

一、初步印象中的萌萌

片段一：不说话的萌萌

萌萌是一个6岁的小姑娘，她性格温和文静，见到陌生人会胆怯地避开迎面遇上的目光。我和她的相遇源于每周一次的科学教研活动，而她是我的观察对象。

这一天，萌萌所在的大四班正在开展科学活动。萌萌安静地坐在座位上，目不转睛地盯着正在热烈交流的老师和同伴们，不时地用面部表情参与着大家的讨论：当她认可同伴的答案时，她会轻轻地点点头；当她觉得同伴的答案有趣时，她会发出会心的微笑；当教师提出问题时，她会皱起眉头做出思考的样子。但是，她一直没有主动地发言。老师发现了从未举手的萌萌，于是主动邀请她回答：“萌萌，你来说说有哪些东西是黑色的？”面对教师提出的简单问题，萌萌显然没有任何思想准备，她先是愣了一下，接着又慌乱地摇了摇头，很快又将头低了下去。任凭老师如何鼓励、同伴如何提示，她始终不愿开口说一句话。

片段二：缺主见的萌萌

第二次看到萌萌，他们班正在开展分类的活动，幼儿需要将10种不同的材料按照自定的标准分成两份，并尝试用符号记录自己的分类标准。面对这样的任务，萌萌并没有急于分类，而是小心翼翼地触摸着每种材料，用心感受着它们的不同。只见她拿起乒乓球和钢球同时在手上掂了掂，似乎在感受轻重；一会儿又将两个球放在海绵上，似乎在观察海绵的变化；一会儿又试图将钢球放在骰子上，想保持钢球的平衡……直到她发现周围的小伙伴都已经完成了分类的任务时，她才回过神来。可是她并没有立刻开始分类，而是不停地用眼睛偷瞄同桌冰冰的材料是如何分类的，然后才开始尝试给自己面前的材料进行分类，但是分了一半她又停住了，她皱了皱眉头，想了一会儿，似乎没有弄明白冰冰为什么这样分类。于是，她又将目光转向对面的晨晨，她一边看着对方的分类方法，一边和自己分了一半的材料对比着，很快她发现了什么，将自己原先的操作全部推翻，又完全按照晨晨的方法重新分类。最后，她连同晨晨画的标记也原封不动地搬到了自己的记录纸上。她的这一举动恰巧被晨晨发现并引起她强烈的不满：“老师，萌萌自己不动脑筋，她总是看我的，向我学！”听到同伴在指责自己，萌萌一下涨红了小脸，又一次迅速地低下了头，原本挥动的笔也停住了，整个人一动不动，仿佛被定格了一般。尽管老师并没有因此说什么，但直到整个活动结束，她都没有勇气抬起头完成最后的操作。

片段三：受欺负的萌萌

这一天，大四班正在开展科学活动“水和水的混合物”。教师请小朋友两人一组进行合作，将三种液体分别倒入三个水杯中，观察水和液体的变化。当教师介绍完操作要求之后，孩子们很快就两人一组操作起来。和萌萌合作的是“机灵鬼”苗苗。只见她眼疾手快地从桌子上抢先拿到了勺子，自顾自地用勺子挖出不同的液体倒入水中进行观察，全然忘记了两人合作的要求。萌萌几次想伸手接过同伴手中的勺子，但都被无情地拒绝了。无奈之下，萌萌只好在一旁静静地看着。“萌萌快看！胶水掉到水里会跳一下呢！”听到同伴的呼唤，萌萌连忙将头凑到水杯面前，可惜错过了这一现象。萌萌小声地说："苗苗，让我舀一勺看看吧。""不行，我还没有玩好呢！"见到自己的请求又一次被小伙伴拒绝，萌萌的眼睛转向桌子，她突然发现桌上还有一个搅拌棒，于是拿起搅拌棒准备挖一些胶水放入水中，结果被苗苗一把夺走："你不能拿这个，我还没有搅拌呢！"听到同伴的制止声，萌萌的手又缩了回来。无奈之下，萌萌只好乖乖地当起了观众。直到操作结束，萌萌都没有等来操作的机会。

基于上述三个片段，我对萌萌初步形成了这样的印象：

她是个专注、细腻的孩子。片段一中，她看似在整个交流的环节没有说一句话，但是她专注的眼神告诉我其实她是在认真地听讲，不断变换的表情是在向大家表达着自己的想法。在片段二中，她并没有和其他同伴一样急于完成操作，而是谨慎而细致地先观察，然后通过多种方法（看、掂、捏、垒）比较着每一种材料的差别，所有的这些行为，都在向我们展示她细腻的情感和专注而严谨的学习品质。除此之外，萌萌还是个会思考的孩子。在片段二的分类过程中，虽然她一直在看同伴的操作结果，并模仿同伴的分类方法和记录方式，但她在模仿的同时也有着自己的思考。当无法看懂同伴的分类标准或是与自己的想法不一致时，她并没有一味地照搬照抄，而是停下来换一个同伴再进行学习，直到完全看懂后才进行模仿。在这一过程中，我们可以看到萌萌在向别人学习时也有着自己的思考。

但是，萌萌身上最大的问题是缺乏自信。因为缺乏自信，面对老师提出的简单问题也不敢表达；因为缺乏自信，哪怕自己已经做了充分的比较与鉴别，心中已有答案也不敢贸然操作，而是需要反复通过向同伴学习来确定和验证自己的想法是否正确；因为缺乏足够的自信，即使被同伴漠视也不敢提出异议，只能默默地等待……于是私下里我总把萌萌比作"羞答答的玫瑰"，即使有所表现也总是静悄悄的。如果不能帮助萌萌尽快摆脱这样的局面，将对她今后的学习生活带来不良的影响，甚至会影响到自身已具有的良好品质。鉴于萌萌这样的情况，我们决定采取以下几个措施来帮助她：

首先，关注活动中的萌萌。发现她的兴趣爱好，并从她擅长的事情入手，通过鼓励、表扬等手段帮助她建立自信。

其次，抓住适宜的时机，为她搭建可以表现的平台，树立其在同伴中的形象。

最后，创设和谐友好的同伴关系，推动萌萌大胆地表达自己的想法。

经过两个多月的努力，萌萌的身上悄然发生了一些改变。

二、支持策略中的萌萌

这一天，萌萌班上正在开展“滚动和堆积”的科学活动。在开始的集体交流环节中，老师和孩子们交流讨论着如何设计一个滚动的标记。大家纷纷提出了自己的想法：有的说画个圆，有的说画个球，还有的说画一个几条飞起来的短线……萌萌认真地听着，不时地侧过头来想一想。这时，老师看了看萌萌，笑着对她说：“萌萌，你愿意上来设计一个滚动的标记吗？”萌萌看了看老师，又在座位上想了一下，然后缓缓地站起身来走到黑板前，小心翼翼地在记录单上画了一个小小的圆形，然后快速地回到座位上长长地舒了一口气。接着，老师问小朋友：“你们觉得萌萌这个标记可以表示滚动吗？”同伴们异口同声地说：“可以！”这时，一个小朋友补充道：“要是在圆形旁边画一些飞起来的短线就更像了！”说着，跑上来在圆形的旁边添加了几笔。看着自己和同伴合作的标记获得了大家的认可，萌萌露出了难得的笑容！

接下来的操作活动开始了，小朋友需要两人合作将10种材料按照能滚动和能堆积的标准进行分类。“萌萌，今天你和牛牛合作好吗？”老师主动向萌萌推荐了合作的小伙伴，萌萌点头同意了。牛牛是个性格随和、大大咧咧的男孩子，听到老师把他和萌萌分在一组，主动跑过来拉着萌萌的手说：“萌萌，我们到这组玩吧！”很快两个小伙伴合作起来，他们逐一地将盘子中的材料放到地上滚一滚、堆一堆，判断材料的特性。这时，牛牛突然想起了什么，悄悄地趴在萌萌耳边说：“萌萌，你画画比我好，等会儿还是你来画标记好吗？”萌萌爽快地点了点头，牛牛立刻将记录纸递给萌萌：“给你，标记就交给你了！”萌萌想了一下，很快就在纸上画了一个圆圈和一个箭头，她有些得意地将制作好的标记拿给牛牛看，并在一旁解释道：“看，我在圆圈旁边画了一个箭头，这是滚动的标记！”牛牛看了高兴地说：“好，就是它了！”得到同伴的赞同，萌萌开心极了，又忙着设计另一个标记了。

在这次的活动中，萌萌已从最初的沉默、拒绝表现，逐渐转变为在教师和同伴的鼓励与信任下，愿意表达想法和展现自我了。看到她的这些变化，让我惊喜的同时也促使我不断地回顾与思考：在与她相处的过程中，哪些策略和方法对萌萌起到了有效的效果？经过梳理与总结，得出以下几点结论。

三、不自信孩子的支持策略

1. 全面观察，是唤醒自信的首要前提

唤醒自信一定要建立在全面了解幼儿的基础上，而这需要教师学会观察、善于观察。因为只有观察，我们才能更多地了解幼儿的发展现状，发现他们的兴趣与强项、问题与挑战；因为只有观察，才可以避免教师带着主观印象对幼儿妄下评论；也只有观察，教师才能找到解决问题的突破口，对症下药、因材施教。

在观察萌萌的过程中，我们发现她非常喜欢画画，而且在画画的过程中她特别放松与愉快。这使得我们想到借助绘画这个媒介来唤醒萌萌的自信。首先，我们利用萌萌的美术作品给予她持之以恒的肯定与鼓励，让她感受到自己被关注、被认可。其次，鼓励她作为小老师去指导帮助其他同伴，让她在与同伴的互动中，不断地感受到自己被同伴需要与认可，来获得自我价值的感受。同时，在与同伴互动的过程中，萌萌的语言表达能力也得到了锻炼。

由此可见，教师只有在全面观察的基础上，才能了解幼儿的优点与不足，然后采取相应的措施，肯定他们的能力，并赋予他们“我很棒”的信念，进而在提升幼儿自信心方面又前进一步。

2. 以强带弱，是树立自信的最佳途径

每个人在面对自己擅长的事情时，总会表现得更加积极、更加主动。萌萌也不例外，通过我们不懈地努力，她在美术活动中已不再封闭自己，偶尔也能简短地表达一点自己的想法。但是，如何将这样的状态也引入到科学探究活动中呢？我们的想法是：以强带弱，创造时机，树立自信。

在设计滚动标记的环节中，教师先让幼儿自由表达自己的设想，然后邀请萌萌现场画出标记。这样的安排，巧妙地将同伴间的相互学习与启发和萌萌擅长的绘画技能完美地结合，给了萌萌一个适宜她自身能力水平的发展平台，让她克服了自身的胆怯，有勇气在集体中借助绘画的方式表达自己的认识。也许就是这样一次成功的体验，就会帮助她树立起自信！

3. 巧选同伴，是激发自信的有效手段

创设和谐平等的同伴交流环境，有利于促进幼儿的健康成长。当胆怯、缺乏自信的幼儿遇上能力强又以自我为中心的同伴时，往往会被对方漠视或成为被欺负的对象，因此，常常会失去活动中应有的权利与机会。如果经常获得这样的体验，不仅会影响孩子的心理发展，严重地，也会干扰他们对是非的判断能力。

在操作环节中，教师根据萌萌的特点主动向她推荐了一个开朗的、会合作的小伙伴。由于他的介入，使得萌萌有平等的机会参与到操作过程中，共同就滚动和堆积的话题进行讨论交流。也正是小伙伴的鼓励和肯定（“你画画比我好，你来画标记吧！”），使得萌萌更加积极主动地投入活动中，极大地激发了她的自信心。因此，这次设计出来的标记比之前的设计又有了新的突破，更加形象和逼真。由此可见，针对幼儿的特点巧妙推荐合作伙伴，是激发幼儿自信的有效手段。

当然，任何良好习惯的养成并非都能一蹴而就，是需要我们抱有持之以恒、循序渐进的态度和决心。在一节科学活动中，由于各种机缘巧合，萌萌暂时忘记了胆怯，丢掉了不自信，或许在明天的活动中，她又会回到起点。但这并不意味着我们的努力没有效果，这只是成功道路上的一个过程与环节而已，哪怕可能会有反复。只要我们观察幼儿，加深对他们需求的了解和理解，持续地鼓励幼儿、支持幼儿，那么，他们就会逐渐地建立自信并获得全面的发展和进步，“羞答答的玫瑰”就一定能大胆地开放，展示她的美丽和风采。

失落的“小神童”

——对能力强的幼儿的教师支持策略

吴 岚

随着对《3～6岁儿童学习与发展指南》的不断学习与贯彻落实，广大教师越来越理解和尊重幼儿在发展进程中表现出的个体差异，尤其是那些发展速度慢的幼儿，并尝试采取适宜的教师支持策略以促进他们更好的发展。然而，在众多的幼儿发展类型中，有少部分幼儿因其发展水平高、能力强容易被教师所忽略，造成他们因没有得到教师的理解和支持，而出现“吃不饱”“被误解”“表达机会被限制”等现象。

一次偶然的机会，一位叫可可的小姑娘闯入了我的视野。她刚满6岁，因生长在高知家庭而受到了良好的教育，各方面能力都远远强于同龄的孩子，是同伴和老师眼中公认的“小神童”。这一天，可可所在班级上公开课，为了观察孩子们在活动中的表现，我全程参与了此次活动，亲历了“小神童”可可失落的全过程。同时，也让我深刻地意识到：小神童们同样也需要教师的关注、理解与支持！

一、小神童失落记

场景一：“老师，我想说！”

活动开始了，老师提出了一个接一个的问题，很显然，这些问题都是可可知道的。因为每当老师抛出一个问题，可可就会立刻高高举起小手，示意着老师邀请自己来回答。可是，老师的眼神总是从可可身上跳过并不作任何停留，将表达的机会一次又一次地给了周围的同伴。活动中的几次交流环节都没有向可可抛来橄榄枝，而可可也在一次次的失败后，长长地叹了一口气，失望地垂下了手臂。

场景二：“老师，我想这样做！”

操作环节中，老师请幼儿分别将水、油、胶水滴一滴在白纸上，观察这三种液体的不同特征。小朋友们听后都按照老师的要求，小心翼翼地在纸上操作着、观察着。而可可似乎对这样的操作并不感兴趣，只见她拿起勺子分别在不同液体中搅拌着，一边搅拌一边高高地提起勺子，然后歪着脑袋看着勺子里的液体缓缓地流回杯中。老师看见后走过来提醒她："可可，你知道水、油、胶水滴在纸上有什么不同吗？赶快试试吧！"可可听了老师的提醒，虽然点了点头，但并没有立刻停下手上的动作，而是继续操作着。玩了好长一会儿，她好像失去了兴趣，终于按照老师的提示操作了。可是，当三种液体滴落在纸上不到几秒的功夫，可可又迅速地将三种液体胡乱地混合在一起，在纸上涂抹着，仿佛画画一般，一边画着一边"教唆"同伴像她一样操作。看着可可在操作中的不寻常表现，老师终于按捺不住情绪，瞪着眼睛，压低声音指责道："可可，你在干什么？""老师，我只是想看看……"没等可可解释，老师不耐烦地说道："让你观察的你观察了吗？你今天的表现太让我失望了！"听了老师指责，可可委屈地撅着小嘴，低下了头。

场景三：可可的回答

活动结束后，我忍不住叫住了可可，询问道："可可，今天的活动中你有什么发现？"看着我认真询问的样子，可可突然来了精神，打开了话匣子："老师，你知道吗？液体在纸上留下灰色印迹就说明水分多，没有印迹的说明水分少、很黏稠，胶水就是这样！水和油拉不出线来，可是胶水就能用勺子拉出长长的线来！"听了可可的解释，我瞬间明白了她所说的一切。"可是，你为什么不按老师说的做，而是把液体混在一起在纸上涂呢？"看着我不解的神情，可可悄声地说道："因为我想看看这三种液体能不能混合在一起，我知道油和水是无法混合，如果加了胶水是不是就可以了呢？"看着可可神气的表情，听着她的答案，我颇感意外。

场景四：老师的解释

带着一些疑惑，我又与执教老师进行了交流，请她谈谈对可可今天表现的想法。老师忍不住抱怨道："今天不是我不想给她发言，你知道吗，让她一回答，其他孩子就没有发言的空间了，所有的正确答案都被她说了，其他人还说什么？你看到了，不让她发言她就故意捣乱，不好好地操作还影响其他小朋友，太让我生气了！"

听完可可和老师的心声，我陷入了沉思：如何理解"小神童"们的行为？如何支持他们的探究？如何不再让他们感到失落？

二、"小神童"们的支持策略

《幼儿园教育指导纲要（试行）》指出："尊重幼儿在发展水平、能力、经验、学习方式等方面的个体差异，因材施教，努力使每个幼儿都能获得满足和成功。"

《3～6岁儿童学习与发展指南》也同样指出："每个幼儿在沿着相似进程发展的过程中，各自的发展速度和到达某一水平的时间不完全相同。……切忌用一把尺子衡量所有的幼儿。"可见，在幼儿教育中遵循个体差异原则是多么的重要！

在可可的故事中，教师并非没有关注个体差异，只是她的出发点是把更多的关注与机会向大多数学习能力和发展水平正常的幼儿倾斜，而忽略和放弃了像可可那样能力超常的孩子。虽然这些幼儿只是极少数，但从教育公平的角度考虑，更从支持他们发展的目标而言，我们仍然需要引起重视。那么，如何平衡教育的机会，让能力强的幼儿在活动中也能得到满足，促进他们在原有基础上更好地发展呢？

1. 选择最佳时机，给予表达机会

表达可以帮助幼儿理清思路、内化经验，可以锻炼幼儿的语言能力、树立自信，可以促进幼儿相互学习、丰富经验。因此，教师在为幼儿提供表达的机会时，既要考虑面向全体幼儿，更要把握最佳的时机与内容，以促进不同能力层次的幼儿更好地发展。

故事中的可可经验丰富，有较为强烈的表达愿望。教师应该选择适宜的内容、最佳的时机给予可可表达的机会，而不是为了照顾能力弱、需要引导的幼儿，就忽略可可，甚至是剥夺她表达的权利。这样的做法可能会而且实际上已经伤害了幼儿主动参与活动的积极性，显然是不可取的。面对可可这样的幼儿，教师关键要把握好给予他们表达的最佳时机：当其他幼儿遇到困难无法解决而一筹莫展时，再请他们发表意见解惑答疑；当幼儿纷纷表达过自己的意见之后，再请他们做总结陈词；当大家墨守成规、缺乏新意时，再请他们阐述自己创新的想法……

总之，教师不能因为他们出色的能力而将他们排除在关注的名单之外，而是要考虑与之能力相匹配的时机，让他们做富有挑战的表达。

2. 读懂"捣乱"行为，支持深入探究

教师的儿童观直接影响着他们的教育行为。"教师只有坚信幼儿具有学习的能力，才会花时间帮助幼儿充分发挥其潜能。"因此，在面对幼儿不按要求进行操作时，教师不要武断地将其认定是"捣乱"行为，而应在坚信幼儿能力的前提下加以沟通和了解，发现其真正的动机并予以引导。

在场景二中，可可始终没有按照老师的要求进行操作，但这并不意味着她游离在活动之外：她用勺子反复舀起液体再倒入杯中，是为了观察三种液体从高处流向低处时的不同状态；她将三种液体混合在一起胡乱地涂抹，是在探索不同的液体是否可以相互融合。然而，教师错将可可的探究行为当成了“捣乱”行为，没有给可可解释的机会，更没有探寻这些行为背后的真正原因，只是简单粗暴地制止了可可。这样的误解不仅挫伤了可可的情绪，更为严重的是阻碍了幼儿不断进取、主动探究的积极性，不利于良好学习品质的形成和更好的发展。

因此，作为一名幼儿教师一定要树立正确的儿童观，学会观察幼儿并深入了解他们的能力与经验，尝试站在幼儿的立场考虑问题。在面对他们种种“捣乱”行为的时候，不要急于制止和评价，而是要包容他们的“任性”，聆听他们的诉求，支持他们的探索。或许这些包容与“纵容”正是充分发挥幼儿潜能的润滑剂和加速器，也是提升幼儿教育质量的重要方向。

3. 设计分层教学，满足挑战愿望

“教育应该在幼儿现有的经验、能力与新的经验、能力之间搭建桥梁，因此观察、了解幼儿便是我们实施教育的出发点。”总体而言，班级中的每一位幼儿在知识经验、能力水平等方面均存在着差异，这就需要我们对全班幼儿的发展情况进行全面的掌握与分析，设计出适应不同发展水平幼儿的活动内容，以促进每位幼儿都能在原有水平上获得发展。

从可可的表现中，我们不难看出，她思维敏捷、善于观察。她对液体的前期经验已经超越了教师预设的活动目标。可可貌似“捣乱”的行为，实际上是因为她对活动内容的不满足和对新知识、新经验的渴求。她所有的行为都是向教师发出“我想说”“我想做”的信息，然而，却被教师一成不变、缺乏弹性的活动设计所禁锢。

因此，我们在教育活动的设计和实施中，固然要依据大多数幼儿的正常水平与能力为标准，但既不能忽略发展水平较弱的幼儿，更不能无视能力强、需要提升的幼儿。通过分层教学、因材施教满足每一个孩子的需求，真正实现教学过程的公平性。

4. 提供合作机会，发挥自身优势

由于幼儿的生活经验、生活环境、能力水平等方面存在许多的差异，因此他们对事物的认识与理解也各不相同。幼儿间的合作与交流不仅可以促使他们相互启发、取长补短，还能提高学习的效益。“幼儿经常与处于相同‘最近发展区’但水平更高的同伴一起，会学到更多的知识技能。”而让能力强的幼儿成为同伴眼中的“专家”，在被同伴认可与欣赏的过程中，不断获得深入学习的动力。

故事中的可可就是一位有机会成为同伴眼中“专家”的孩子。教师在面对这些孩子时，要学会敏锐地捕捉他们不同寻常行为背后的教育价值，及时地为他们提供与同伴交流、合作学习的机会，借助他们清晰的表达、丰富的想象、精彩的发现，带动同伴共同成长。在成为教师的“助手”、同伴的“专家”时，这些激励必然会让“小神童”们不断地前进。

虽然我们身边的“小神童”为数不多，但作为教师，我们有责任和义务保护好他们强烈的好奇心，给予他们自主探究的空间，理解和包容他们出格的行为。上述几点想法或许有助于他们获得更好的发展，从而让幼儿园成为“小神童”们腾飞的摇篮！

他的微笑你懂吗？

——对不善表达的幼儿的教师支持策略

赵晓丽

每一个幼儿都是一个独特的世界。教师若想走进幼儿的世界，最重要的就是学会观察。正如《幼儿园教育指导纲要（试行）》的解读中所说：“观察、了解幼儿的学习与发展是为了评估他们的兴趣、特点和需要，以便更有效地拓展他们的经验，促进他们的学习与发展。”每当我走进“做中学”活动，一个小男孩的“谜”之微笑始终萦绕着我。与他相处的这些日子里，我从起初的焦急和无措逐渐变得宽容和理解。他带我走进了一个不善表达的孩子内心世界，他的成长故事也让我逐渐学会对幼儿的解读和支持。

一、晨晨的“谜”之微笑

初识晨晨，他是一副笑眯眯的模样，微笑着倾听，微笑着游戏，用笑容去回应同伴的要求。他言语很少，面对问题时也会用笑容进行解答。于是，他的笑就变成我最想读懂的一本书。

笑逐颜开——“谜”底：开心

在科学活动“磁铁的穿透力”中，晨晨笑眯眯地听着老师的游戏介绍，目光专注。操作时，晨晨漫无目的地拿着磁铁去吸游戏材料，笑逐颜开。老师看到了他的盲目操作，一对一地向他示范了游戏的方法。他微笑着看完了老师的示范，开始尝试用磁铁隔着木板、盘子等各种物品来吸起回形针。他对神奇的现象感到很好奇，开心地笑成一朵花，不时地对旁边的同伴说：“看，快看！”活动结束时的交流环节中，他对大家的介绍置若罔闻，依旧在自顾自地、乐此不疲地玩弄材料。

【解读与分析】

活动中，晨晨的微笑传递出他对活动的关注。但他对游戏的玩法没有完全理解，导致操作过程的开始部分完全游离于活动之外。当他明白了游戏的玩法后，有趣的现象让他开心不已，直到交流环节，他依旧沉浸在自己快乐的操作中，无法收回注意力去倾听同伴的发言。

活动片段中，他的笑容更多地体现的是他的开心，看似听懂的“微笑”其实只是一种假象。

哑然失笑——“谜”底：无助

晨晨一直站在小汽车游戏区域中，但是他并不挤在滑道边开汽车，只有滑道周边人少的时候，才走上前去玩几下。过了一会儿，他拿到一个空闲的轨道，将它和另一个轨道拼接起来，自言自语地说：“搭在一起。”他正准备搭建第三个的时候，一个幼儿走过来伸手就拿走了地上的轨道，他站起身没有说话，退后一步，脸上挤出一丝笑意。等了许久，他再一次找到机会拿到了一个空闲的滑道，很开心，笑眯眯地抱着滑。这时，一个小女孩直截了当地和他说：“给我，我要用的。”他身体扭动了一下以示不乐意，女孩儿态度很坚决，伸手来拿：“你抱着干嘛？我要用的！”他没说话，顿了一下还是撒手将滑道让给了对方，哑然失笑地看着好不容易找到的滑道又被他人拿去用了。

【解读与分析】

晨晨想用滑道来搭建一个长长的汽车轨道，但是由于他不敢说出自己的想法，很难被同伴理解和认同。他好不容易找到的材料，会被同伴拿去作为他用，他缺乏坚持的态度来留住自己需要的材料。有时他也想据理力争，但是很快还是退让了。可见他性格胆小，不敢也不愿意与同伴起争执。

看似平静的微笑背后是他无法按照自己想法做游戏的无奈和无助。

一笑置之——“谜”底：逃避

区域游戏“磁铁串串”中，与晨晨合作的小伙伴是个机灵的男孩子。他手脚麻利地拿着材料，不停地指挥晨晨抓住吸管或是往上面放磁铁。晨晨满脸笑容地遵从同伴的要求开心地玩着。当看到两块环形磁铁在吸管上相互不吸引的现象，老师问晨晨：“这是怎么回事？”他身体向后靠靠，笑眯眯地看着老师，回答道：“不知道，不知道。”在记录时，他始终在四处观望。老师问：“你今天有什么发现？”他脸上掠过一丝笑意，胆怯地看了一眼老师，没有回答。过了良久，再三犹豫后他左顾右盼地画了一个红色的圈。我问：“你记录的是什么发现？”他笑着看了我一眼，脸上掠过一丝不自然：“我不记得了。”说完就很快离开了。

【解读与分析】

在合作游戏中，晨晨不能用语言或者动作表达出自己的想法，始终处于被他人指导的地位，行为表现得较为胆小、退缩。游戏中他能够关注磁铁相互吸引或者排斥的现象，但是当老师问他观察到的现象时，他用“不知道”来回避。回避的原因，也许是他没有发现磁铁的摆放位置和磁铁状态之间的关系，也许是他无法用语言清楚地表达出自己心中的想法。在记录时，能力有限的他明显遇到困难，教师想及时与他交流，但是他总是用“我不知道”“我不记得”进行回避。

他的微笑是一个写着“我不知道”的挡箭牌，回避了自己所遇到的所有困难。

会心一笑——“谜”底：成功

在“比比谁的吸力大”的活动中，晨晨用大磁铁吸起一长串回形针，放在地垫上认真地点数着。回形针细密地连接在一起，他反复点数几次后，终于笑了一下，自言自语地说：“18 个。”记录时，他不停地摆弄笔帽，环顾同伴的记录单，无从下笔。我问他：“你知道要请你记什么吗？”他茫然地挤出一丝笑容。我重复了一下记录的要求，这下他似乎有些明白了：“18 个。”看来，这个答案他始终在心里记得很牢。“那记在哪里？”他看着记录单很犹豫地用手指指磁铁后面的小括号。“对！记在小手的下面，小磁铁的后面。”我肯定地鼓励了他。他看着记录单，依旧不下笔。“18 你会写吗？”他赶紧摇头。“先写一个 1，再写一个 8。”听完我说的话，他很轻松拿起笔，认认真真地记录下来，心满意足地笑了。

【解读与分析】

记录中，晨晨遇到了许多的困难。首先，他不明确记录的具体内容。其次，他不知道记录在什么位置。最后，他不知道18应该怎么写。他不知如何表达自己的困惑，也不愿意向老师寻求帮助。教师用鼓励的方式帮他逐步明确了记录的内容、记录的位置、数字的写法，他这才愉快地完成了自己的记录单。

从他那会心的一笑中，我看到了他完成活动后发自内心的一种轻松和快乐。

二、对不善表达的幼儿的解读和支持策略

晨晨是个不善表达的孩子，他胆小，缺乏表达的勇气；他语言表达能力弱，说不清自己的困难。他的笑容里包含了那么多的开心、无助、困惑和成功感，这些都需要教师用心去观察和揣摩。教师也只有读懂了幼儿笑容背后的需求，才能真正帮助他一步步走向成功。

面对不善表达的孩子时，教师应该从以下几方面进行支持和引导：

（一）在理解、尊重中学会解读幼儿的行为

在游戏中观察幼儿，最重要的是耐心和尊重。幼儿的发展需要成人极大的耐心，尊重幼儿游戏的愿望、学习的方式、能力和水平，在观察中和观察后客观解读幼儿的行为。

对于晨晨这样不善表达的幼儿，他们的行为不是很快能够被他人理解。教师需要用更多的时间和耐心去反复观察幼儿在活动中的行为，通过共同游戏增进对幼儿的了解。晨晨在活动中时常表现出游离状态或是不明白活动要求，这都是他能力水平发展有限所导致的，教师应该给予充分的宽容、理解和尊重。在观察过程中，教师最好不要急于干涉。有时，教师的过多介入会让幼儿放弃自己的想法，掩盖自己最本真的做法。教师应给予幼儿时间自己去体会和尝试，让幼儿做活动的主人。教师的关注和鼓励就是最好的支持。

（二）亲密的师幼关系萌发幼儿表达的愿望

亲密的师幼关系是教师和幼儿实现无障碍沟通的首要前提。幼儿对教师的信任和亲近会让他消除心中的隔阂，愿意向老师敞开心扉。相反，如果幼儿和教师之间没有起码的信任感，幼儿就很难产生表达的愿望。

和晨晨开始接触时，我和他之间的亲密关系没有完全建立。他性格内向胆小，对我提出的一些问题明显表现出退缩和回避，常以“不知道”的方式进行回避，我们之间的交流常常感到有些困难。这时候，建立一个平等、民主、宽松的沟通环境就显得尤为重要。如果幼儿感觉受到教师的喜欢，心中便会喜不自胜。幼儿得到了情感满足，行为就大胆、自然，对教师的要求能做出积极的反应。在这样的师幼关系中，幼儿的表达愿望自然而然就会产生了。

（三）恰当的互动方式让幼儿在交流中学会表达

1. 提供契合其能力的问题，教幼儿学习表达的方法

每次科学活动结束时，我问晨晨：“你有什么发现？”他都会茫然地看着我。他不会表述的原因是离开了活动的具体操作场景，他无法用语言对曾经发生的事情进行准确的描述。为此，在活动过程中，教师可以有意识地从简单的现象开始鼓励他学习语言描述：“看到了什么？这是怎么回事？你是怎么想的？”让他一边观察现象一边进行讲述，在实际操作中学习语言表达。对于能力表达较弱的幼儿，教师不要急于让他进行概括性的表达，困难的问题会更加加剧他回避和退缩的心理。教师可以为幼儿提供契合幼儿能力的问题，如简单、简短或填空式的提问，降低幼儿回答的难度，帮助他学习表达。

2. 以开放性问题引导幼儿准确表达自己的想法

“与幼儿的互动能够帮助教师更深入地了解幼儿的真实想法和对事物的理解。开放性提问或者点评又是解释幼儿内心世界的窗口的钥匙。”对于晨晨这样不善表达的幼儿，教师与他之间的言语互动显得尤为重要。只有让晨晨开口说出自己的想

法，教师才能够获得更多的信息，正确地解读幼儿的行为，教师才能采取合适的策略来支持和帮助他。“你看到了什么？”“什么时候这两个磁铁就不会靠在一起呢？”教师用类似的开放性问题引导幼儿说出内心的认识。

幼儿表达能力的提升不是一蹴而就的，需要教师的持续关注，耐心倾听、细心引导。教师应该有意识地与不善表达的孩子建立良好的沟通渠道，在长时间的沟通交流中促进幼儿言语表达能力的提高。

（四）用鼓励激发信心，用进步促进发展

不善表达的幼儿，其性格往往是较为内向、胆小的，对于这样的幼儿，教师的激励往往会产生不可估量的作用。从大量的观察信息中，教师首先要分析出幼儿的发展特点和优势，然后从持续观察的信息中，通过对比幼儿自身前后发展的轨迹来分析幼儿的进步。教师对幼儿的进步要及时地鼓励和表扬，让幼儿对自己树立正确的认识，建立自信心。教师一个亲密的身体动作、一个微笑的表情、一个鼓励的眼神都是对晨晨的肯定、鼓励。给予晨晨在集体中表现自己的机会，让不善于表达的他得到了满足和认可，激发他主动、大胆地参加活动。

每个幼儿的发展速度和发展节奏都是不同的，教师要充分尊重幼儿发展进程中的个体差异。“教师要积极地看到幼儿的进步，同时要给他们足够的时间和机会来增长自己的能力。”让幼儿在充满正能量的鼓励中不断得到发展。

“躁”孩儿的转变

——对浮躁幼儿的教师支持策略

沈洪洁

“躁”孩儿指的是浮躁的孩子。在幼儿园集体中，我们常发现有些孩子活动开始时异常积极、活跃，但是随着时间的推移会出现急于求成、做事缺乏恒心、极易受到外界干扰等情况。

我的观察对象——男孩大卫，他就是这样的一个“躁”孩儿。他在“做中学”科学活动开始的环节总是显得很积极、活跃，但是随着时间的推移，在操作探究和交流环节时他的表现与之前差异很大，仿佛换了一个人。怎样才能在科学活动中转变这类孩子浮躁的心态？教师应该采用何种策略呢？

◆ 观察实录一

今天的科学活动是“我们知道的固体”。教师先介绍了猜物游戏的玩法：教师说出一个特征，幼儿根据这个特征猜出相应的物体。在这个环节，只见大卫脸上笑眯眯地，眼睛专注地盯着教师看，坐姿特别端正。游戏开始了，教师说出一个特征“圆圆的东西”，大卫转眼间就高高地举起了自己的小手，一脸急切地想要回答。由于他举手特别快，教师一眼就看到了他，请他第一个回答，他站起来说：“盘子。”教师点点头示意他坐下后又请其他幼儿回答，他坐下后眼睛仍旧看着教师。接着教师又说出了一个特征“红红的东西”，他又积极举手，教师这次先请了其他幼儿回答，他看教师没有请他，就把手举着伸到教师的脸前，屁股时不时地离开座位，好像随时要站起来的样子，教师注意到了就又请他回答，他站起来说：“红红的太阳。”教师表扬他：“很好。”他笑眯眯地坐了下来……在猜物游戏和之后的两种物体比较特征异同的过程中，大卫始终都很积极地举手，争取到了多次发言的机会，获得了教师的表扬，脸上也露出得意的笑容。

在随后的操作探究活动中，教师要求幼儿把自己的一份材料（木塞、塑料勺子、有机立方体、毛根、钢球、玻璃圆柱、钢制垫圈、积木、海绵、刺球、乒乓球等）按照特征进行分类。大卫伸出手在各种材料上摸了又摸，还不时地和同组幼儿说说自己的感受："有的硬，有的软。""这是扁的。"……边说边开始分类摆放材料，把硬的放在了一起。正在分着，听到旁边同伴说"它们都会滚，放一起"时，他看了看同伴分的，然后拿起自己材料里会滚的放在了一起。还没有分完，又听到另一同伴说"它是木头的"，他看了看马上从自己的材料里拿起一个材料说："它是塑料的。"两人你一句我一句讨论材料的材质，然后大卫继续给自己的材料进行分类。乒乓球总是滚来滚去，大卫把它和木塞、玻璃圆柱放在一起，又自言自语"不对"，拿起乒乓球和钢球、垫圈放在一起。这时候教师让孩子们进行集体交流，大卫看看还没有分完的毛根和海绵，最后把它们放在了分类盘外面。在最后的交流环节中，教师请个别幼儿上来介绍自己的分类。大卫没有举手，而是低着头坐在座位上，脸上不再笑眯眯的，一副生怕教师请到自己的样子。在一位同伴上去介绍时，大卫抬起了头，边听边模仿幼儿的介绍挪动自己的材料，挪了几个还有一些没来得及挪时，上去介绍的幼儿已经讲完回座位了，他只好停下挪动的手，看看自己的材料，又将刚才挪动的材料还原。教师又请了一位幼儿上来介绍，大卫根据这位幼儿的介绍又开始挪动自己的材料，最后完全按照这位幼儿的介绍挪动了自己的所有材料，分成了会滚的和不会滚的，与自己最初分类的结果完全不同。

[行为分析]

1. 参与活动的态度

大卫在集体活动的开始阶段从神态上来看非常放松，并且情绪愉快。对教师提出的问题，第一个举手回答，在态度上显得很积极、活跃，为了得到教师的关注有时会出现很突出的积极行为。所以教师对他的关注比较多，他得到的发言机会也比较多，这些都使得他感到很高兴，甚至是洋洋得意，所以脸上始终都笑眯眯的。在随后的操作探究活动中，大卫也非常愿意动手感知材料的特征，按照自己的想法进行分类。随着分类的进行，大卫脸上笑眯眯的表情不见了，他意识到自己的分类出现了问题，所以在最后的交流环节中大卫不再那么积极主动，始终都处于边听边忙的状态，一边听同伴的介绍一边对自己的分类不断进行调整。

整个活动大卫前后的态度反差极大，仿佛完全是两个人。前面的问答环节表现非常好，积极而且主动，而最后集体的交流环节则非常沉默，一次手也没有举。造成大卫前后两种截然不同参与活动态度的原因，就在于中间的操作探究环节。大卫虽然意识到操作出现了问题，但是又没有找到适当的解决方法，所以态度转变特别明显。

2. 解决问题的能力

大卫在操作探究环节知道要用感官去发现每个材料某个方面的特性，然后进行分类。但是由于他在感知时只注意到单个材料某一方面的特征，分类就显得比较随意，再加上不时地听到旁边同伴对材料特征的语言描述，他很容易就被吸引，转而放弃自己原有的分类标准，重新按照同伴的标准对剩下的材料进行分类，这就导致了他前后分类标准的不统一。在分到最后的几个材料时，他自己也出现了困惑，不知道要把这几个材料分在哪一类里，所以出现了两个材料放在分类盘外面没有归类的现象。大卫在操作探究环节即将结束时已经意识到自己的分类出现了问题，他自己没法解决，也没有时间寻求他人的帮助，所以在交流环节抛弃了自己原来的所有操作结果，完全模仿了在集体前进行展示的同伴的操作结果。表面上看似解决了自己出现的问题，实际上并没有真正解决。

需要说明的是，大卫是我一直以来的观察对象，类似今天这样的情况已经多次发生，在前面的集体环节表现突出，但是一到操作环节就出问题，导致后面的交流环节也始终处于沉默、观望状态。长此以往，这将给大卫的学习生活带来不良的影响，使他的发展浮于表面并受到限制。鉴于大卫的表现，我决定采取一些措施来帮助他。

（1） 在刚开始的集体活动中，教师减少对大卫的过度关注，根据他的专注情况给予适当的发言机会。

（2） 在操作探究环节前可以安排性格比较稳重的同伴与他同组。

（3） 在操作探究环节中，教师增加对他的关注，并在适当的时候给予帮助和指导，鼓励他按照自己的想法独立完成操作。

（4） 在操作后的集体交流环节中，增加他在集体前的表达机会，并给予鼓励。

经过一段时间的努力，在科学活动中，大卫的行为发生了一些改变。

◆ 观察实录二

今天的科学活动是“液体知多少”。在开始的集体活动环节，大卫眼睛看着教师，脸上笑眯眯的，听见教师提问不时地举手。教师时不时地看看他，但并没有请他发言。虽然他一次也没有被教师请到回答问题，但还是眼睛看着教师，显得很专注地在听讲。第一次探究操作之前，教师提出了要求：让幼儿将自己面前分类盒中用小杯子装好的四种不同的液体分别滴在纸上，观察它们滴在纸上的样子。大卫笑眯眯地拿起小勺子在洗手液的杯子里来回搅动，边搅边说：“好黏呀，不能吃。”然后他滴了一滴在纸上，接着把油、胶水、水也滴在纸上，让同伴猜：“你们看，哪个是水？

哪个是胶水？”同伴回答他后，他又忙着自己去操作了。只见他边用小勺子在杯子里搅动，边靠近杯子用鼻子闻一闻，时不时还用手指蘸蘸油，摸摸胶水。在用抹布擦手时，他不小心把自己放在分类盒旁边装水的小杯子碰翻了，水洒在了分类盒里，他赶紧把杯子扶起来。正好这时教师巡视过来，蹲在他旁边幼儿的身边询问有什么发现。大卫一动不动地看着教师，听着教师和同伴交流，自己一句话也不说，脸上显得很紧张。教师交流完站起来看了看不吭声的他，用手指了指他的分类盒就离开了。看见教师走了，大卫才稍微动了动身体，看看旁边的幼儿，再看看自己面前的分类盒，显得有些不知所措。这时教师请个别幼儿交流第一次探究操作的发现，大卫手举得低低的，只伸到了胸口的位置，教师看了看没有请他发言。在同伴发言时，大卫的眼睛时而看看教师和同伴，时而低头看看分类盒。接着教师进行第二次探究操作前的演示，他的眼睛紧紧地盯着教师。第二次操作探究开始了，大卫将面前的小杯子全部放在了分类盒外面，边舀杯中的液体边偷偷地看教师，当发现教师在和其他组幼儿交流没有注意他时，赶紧把第一次操作时洒在分类盒里的水倒回装水的小杯子里，然后把四个小杯子全部放回分类盒里。做完这一切，他一直挺得笔直的背放松了下来，按照教师的要求完成了自己的操作。教师过来巡视问这组的小朋友有什么发现时，他主动告诉教师自己的发现，教师给予了肯定。在集体交流时，他把手举得高高的，教师请他介绍，他站起来大声地讲述了自己的发现，教师表扬他观察得仔细，他的脸上重新露出了笑容。在后面的活动中他显得更加专注，操作、观察得非常仔细。最后的交流环节中他说出了许多与同伴不同的发现，教师表扬了他。直到活动结束许久，他的脸上还保持着高兴的表情。

［行为分析］

1. 参与活动的态度

在这次的科学活动中，大卫参与活动的态度经历了一个波折：积极—忐忑—积极。他在前面的集体活动环节中非常专注、主动举手，虽然教师没有请他站起来发言，但是他一直都显得很积极、活跃。在第一次操作探究中，大卫出现了操作的失误，这使他的情绪受到了一些影响，显得低落、忐忑了起来。教师注意到了他的变化，并关注到了引起这种变化的原因，但是没有出言指责，而是用手势给予了示意，让他明白教师已经注意到他的失误，也促使他更加关注教师的言行和举动。这使他在第二次操作探究时不仅获得了成功，还有了许多新的发现。教师关注到他的变化并给予了肯定，这让他重新鼓起了探究的兴趣。在最后的交流环节中，他多次积极举手发言，态度的转变让他取得了良好的学习效果。

2. 解决问题的能力

这次的活动中，大卫解决问题的能力得到了很好的提升。在第一次操作探究时，他还有些模仿同伴的操作，谁知在操作过程中发生了一个意外的失误：水洒在了分类盒里。在出现这个意外的失误后，他马上思想高度紧张，害怕教师和同伴看到后批评、指责自己，发现同伴没有注意他后，就一声不吭紧紧地盯着教师的一言一行。教师看见他行为异常并发现原因后，也没有批评他，只是用手势示意他解决，然后离开了。教师离开后，他心情略微放松下来，一边看着教师的讲解示范，一边开始想办法解决这个失误。接下来第二次操作探究时，他先自己悄悄地弥补了这个失误，然后才开始操作。成功弥补失误的愉悦心情，促使他在第二次操作探究中更加投入和专注，从而有了许多新发现，第一次独立而又圆满地完成了操作探究。

通过观察大卫在科学活动中的表现，我能够明显感受到他在转变，这也促使我进行了梳理和思考。

“躁”孩儿的支持策略

1. 仔细观察，是发现幼儿浮躁原因的首要条件

观察是一种有目的、有计划、比较持久的知觉活动。它是我们发现幼儿个体差异并开展研究的最基本、最常用的一种手段，可以获得大量真实的第一手资料。通过仔细观察，我们可以发现幼儿个体差异的现状，有利于教师能对症下药，促使幼儿在原有水平上提高。

在观察中我发现，大卫的浮躁主要表现在：刚开始的集体活动环节，他积极、主动，状态非常好；操作探究活动中则经常出现问题，不仅会发生偏离操作目的的现象，还特别容易受同伴的影响；最后的集体交流中则显得比较沉默，他很少举手发言，只是在听讲。从这些前后表现的差异来看，我们不难发现造成这种状况的原因就在于操作探究时他出现了问题，而他自己一时又没有办法解决，这使他从积极转变为默然，从而导致随着时间的推移活动越往后他越沉默。找出了原因所在，才能让这类“躁”孩儿的转变成为可能。

2. 适时点拨，是浮躁幼儿探究能力发展的最佳手段

既然通过仔细观察我们找到了问题所在，就要对症下药，在适当的时机对“躁”孩儿给予适当的点拨。

所谓“适当的时机”体现在大卫这类“躁”孩儿身上，就是指在科学活动的中后期，这大多是操作探究环节和交流环节的时间。这时“躁”孩儿们已经经过了最开始的新奇、兴奋阶段，注意力特别容易分散，从而影响后继活动。因此，教师如果能抓

住这个适当的时机，就能很好地帮助“躁”孩儿去除浮躁，继续沉浸在科学活动中。

“适当的点拨”除了包含教师语言的直接指导，也包含教师神态、身体动作的暗示。如观察实录二中，教师发现大卫在操作探究中的神态与以往不同是因为发生了一个意外失误，他操作探究的目的没有发生偏离，而且情绪已经处于高度紧张状态，就没有采取语言的直接干预，而是用身体动作提醒他注意。这个暗示让已经感到窘迫的大卫暗暗松了一口气，在随后的时间里想到了办法，在自以为不惊动教师和同伴的情况下悄悄地解决了。这次成功解决意外失误的经历使他在后面的操作活动中一直保持了积极、专注的状态，有了许多发现。这是他在以往的科学活动中从未有过的，是他第一次在科学活动中体会到探究的喜悦。由此可见，教师根据“躁”孩儿在科学活动中的实际情况，进行适时点拨非常有利于幼儿探究能力的发展。

3. 先缓后扬，是浮躁幼儿改变学习态度的有效方法

这里的“先缓后扬”是指在科学活动开始阶段，教师对浮躁的幼儿适当减少关注，缓解他们过于激动、兴奋的情绪，在活动中后期给予特别关注和鼓励，激发他们持续探究兴趣的方法。这是因为浮躁的幼儿在科学活动一开始的时候往往是最活跃的，思想也是最专注的，显得积极而主动，特别容易引起教师的关注和表扬。如果这时教师过度地关注和表扬，就会使他们的情绪更加激动，很不利于长久保持专注的状态。之后到操作探究时，外界刺激导致的新奇和兴奋慢慢消失，这类幼儿的注意力就会特别容易受到干扰而分散，导致操作探究出现问题。所以在科学活动开始环节，教师应减少对浮躁幼儿的关注，缓解他们过于激动、兴奋的情绪。而操作探究时教师的关注和鼓励就显得非常必要，它能促使浮躁的幼儿排除干扰逐渐沉下心来专注地完成探究活动。“先缓后扬”能改变浮躁幼儿在科学活动开始时过于兴奋的情绪，延长专注的时间体验探究过程，并激发他们在交流环节时表达的欲望，从而获得探究后愉悦的情感体验，这些都有利于他们今后养成良好的学习态度。

在幼儿园的班级中肯定有类似于大卫这样浮躁的孩子，他们活泼、好动、反应敏捷，但是在科学活动中却不能长久地保持这种状态，很容易受到各种干扰不能沉下心来进行探究活动，从而使他们的发展浮于表面。这就需要教师关注孩子的个体差异，发现他们浮躁的原因，采取适当的支持策略，使他们逐渐改变浮躁的心态沉浸到科学探究活动当中，体验探究的乐趣，最终形成良好的学习态度和能力。

萱萱的故事
——对内向幼儿的教师支持策略

沈洪洁

幼儿园科学教研组活动中，这学年我们开展了针对大班幼儿在科学活动中个体差异的研究，连续观察同一个孩子在多个科学活动中的表现，以期摸索出对于不同类型的孩子老师所能给予的支持策略。我的观察对象是个女孩子：萱萱。

◆ 观察实录一

今天的科学活动是“混合液体”。在活动一开始老师介绍操作材料并让大家预测混合结果时，小朋友们大多举手发言或坐在下面七嘴八舌地说着，而萱萱的眼睛一直盯着老师坐得端端正正，在别人发言时，既不举手也不在下面说话附和，脸上表情严肃没有什么变化。操作开始了，她一边看着同桌一边自己操作，舀了几勺油加入水杯中进行混合。脸上逐渐变得笑眯眯的，时而和旁边的小朋友低声说几句“看我加的是油”“我也搅一搅”等。老师过来巡视时问这桌的幼儿有什么发现，其他小朋友纷纷讲述自己的发现，只有她坐着一言不发，只听不讲，脸上的笑容也慢慢消失了。老师听完其他幼儿的讲述后，提醒大家把自己的发现记录下来就离开了。她拿出自己的记录单，找出黄色的水笔把水杯的轮廓图里涂得满满的。老师再次过来巡视看到了她的记录，蹲在她身边轻轻地问她记的是什么意思，她小声地告诉老师“记的是油加到了水里”，老师让她看看自己的水杯，问：“里面全是黄色的吗？”她没说话，停了一下才说：“不是的。”老师又问：“哪里有黄色？”她指指水面。老师转身重新拿了一张记录单给她，让她把看到的现象真实地记录下来。看她重新拿起了黄色的水彩笔，老师才转身离开。她看看旁边的幼儿，然后在记录单水杯轮廓图靠近杯口的位置画上了黄色。最后集体交流时，她一直端坐着一言不发。

【行为分析】

萱萱在整个集体活动中从外部言行来看非常专注于老师的提问和同伴的发言，

但是不愿意主动举手表达自己的想法，不愿意张口附和别人的观点，显得比较拘谨、沉默。在操作时从神态上来看比较放松，她会与同伴进行简短的语言交流，但老师巡视时并没有主动与老师交流，除非老师与她个别交流才会小声地张口回答。通过萱萱的操作和记录，可以看出她对老师提出的操作和记录要求不是很明确，会出现偏差，老师个别指导后会有改进。这说明她在集体活动时看似在认真听讲，其实并没有完全理解老师的指令性语言。活动后向本班老师了解萱萱平时在班级里的表现也是如此，从来不主动与老师交流，任何集体活动都不举手发言。但在自由活动时她的情绪比较轻松、愉悦，能与同伴很好地进行语言交流，有时声音还非常响亮。建议老师在集体活动中可以尝试适当给予萱萱发言的机会，在小组操作时一定要继续给予关注并有个别交流的机会。

◆ 观察实录二

今天的科学活动是“观察天气”。老师提问：“你知道有哪些天气？”一些孩子举手回答，萱萱坐在座位上看着老师和同学没有举手。老师接连请了3位幼儿回答后点名让萱萱回答，她脸上的表情马上显得很紧张，一动不动地坐在座位上不吭声，同桌的另一名幼儿站起来想抢着说，老师制止了那名幼儿，还是坚持问萱萱：“你知道还有什么天气？”萱萱坐在椅子上小声地说了“雨天”，老师肯定了她的回答，然后继续问其他的幼儿。她坐在座位上还是一动不动，眼睛一直盯着老师看，直到分组操作时才逐渐放松下来，并很快地按照老师的要求完成了天气图标的分类，老师来巡视问她是怎么分的，她口齿清楚地回答了老师的问题。接下来，她和同伴一起跟着老师去户外观察天气，在操场上她眼睛四处张望，偶尔看看老师，还是一言不发。回到教室后，老师要求记录今天的天气，她动作很快地拿起天气图标贴在记录单上，把所有的天气图标一个接一个全部贴在了记录单上，是同桌幼儿中第一个贴完的。老师过来巡视时与她交流：“要记录今天的天气。”她看看自己的记录单，赶紧把图标一个个地撕下来想全部重贴。老师提醒她仔细看看已经贴上的图标是不是能表示今天的天气，把能表示的留着，不能表示的再撕掉。老师离开后，她逐一看了看图标，把不对的撕掉了。最后集体交流时，老师点名让她带着记录单上来展示，并把她的记录单放在投影仪下让大家看，她站在前面什么话都不说，脸上表情有些紧张。老师让大家看着她的记录单说出记的是什么天气，然后肯定了她的记录，就让她回座位了。回座位后，她的眼睛一直盯着老师看，直到活动结束。

【行为分析】

活动刚开始没一会儿老师就在集体前点名让萱萱回答问题，从外部动作和神态来看，这使得萱萱非常紧张，甚至有些不知所措，而同伴的抢答和老师的制止使她得到了一点缓冲的时间，答出了老师的提问，这使她在随后的听讲中非常专注，又快又好地完成了接下来的记录。可是在户外观察和再次记录时，她又回到了沉默的状态，并且在记录时严重偏离了老师的要求，直到老师巡视时进行了个别指导才意识到自己的问题并加以改正。这说明萱萱在这个环节的沉默不言，是她思想在“开小差”，最明显的体现就是记录的错误，她压根就不知道要记录的是什么。这次的活动中，老师前后给予了两次在集体前的表达机会，虽然她的表现都显得非常紧张，但还是回答了老师的提问，明显有利于其认真听讲、按要求完成记录。建议老师一定要继续在集体前给予萱萱表达的机会，可以选择简单的问题让她回答，并及时给予鼓励。

◆ 观察实录三

今天的科学活动是“水的混合物”。老师介绍桌上的材料时，萱萱表情轻松，时而看看桌上的材料，时而在座位上附和同桌回答老师的问题。老师提问让幼儿预测：“糖放到水里后，水会有什么变化？”老师点名让她萱萱回答，她坐在椅子上不吱声，表情严肃，老师没有强求她转而去问其他幼儿。过了一会儿，老师又问：“沙子放到水里，水会有什么变化？”老师又点名让她回答，她坐在椅子上还是不吱声。老师走过来一边用语言鼓励她说出自己的想法，一边拉着她的手让她站起来说。她站起来后小声地说：“水会变黄。”老师夸奖她说得好，她笑眯眯地坐下了。随后的操作活动中，她和同伴有商有量地完成了实验，老师巡视时询问她们有什么发现，她说得非常清楚。在最后的集体交流时，老师提问：“谁愿意来说一说自己的发现？”萱萱第一次主动地举起了手，老师一眼就看见了，马上让她站起来说，她说了胡椒粉放入水中后水的变化，老师肯定了她的发言。她坐下后眼睛看着老师，坐得非常端正，一直到活动结束。

【行为分析】

今天的活动一开始就能从萱萱的外部神态上感觉到情绪的放松，之后老师有两次点名提问，第一次她很紧张没有回答，老师也没有强求，给了她一个缓冲的时间。随后的第二次点名提问，她虽然紧张，但是在老师的语言鼓励和肢体语言的鼓励下，萱萱勇敢地表达了自己的想法并获得了表扬，这使萱萱的自信心大增，很好地完成了操作活动，并与老师进行了个别交流。在最后的交流讨论中，萱萱突破了自我，第一次勇敢地举手发言，马上引起了老师的注意并给予其表达的机会，这种肯定使得她在后面的交流中听得更加专注。建议老师在集体前一定要给予该生表达的机会，及时地肯定她的表述，帮助她树立自信心。

◆ 我的反思

1. 在观察中了解并接受个体差异

《3～6岁儿童学习与发展指南》指出："要充分理解和尊重幼儿发展进程中的个体差异，支持引导他们从原有水平向更高水平发展。"萱萱在集体前的沉默寡言、满脸严肃，与她在分组操作时脸露笑意、与同伴时不时地交流形成了鲜明的对比。与带班老师的交流让我了解到她从小班开始就一直是这样，由于她在所有的集体活动中都默默无闻、坐姿端正，好像在认真听讲，老师特别容易忽略她，这就导致了现在的状况：看似集体活动时专心听讲，但在操作时总出现大大小小的问题。集体活动中外部行为看似专注，其实内在思想正在游离，不举手、不发言就是最好的体现，正是由于这个原因导致了萱萱在操作活动中问题不断。作为一个处于旁观者的老师，我在为她着急的同时要接受她的现状，将自己观察到的具体表现及时地与带班老师交流，并提出相应的支持性策略。

2. 提供适当的表达机会，逐步树立自信

《3～6岁儿童学习与发展指南》中指出："教师要关注幼儿的感受，保护其自尊心和自信心。"从萱萱的行为来看，她是一个敏感的孩子，非常在意他人的评价，所以在活动中一直坐姿端正，因为这是她很容易做到也能坚持做到的事情。而举手发言则需要用语言表述出自己的想法，结果却不能确定是否会受到大家的肯定，所以她常常沉默不语。因此，我建议带班老师从萱萱情绪最放松的分组操作活动入手，先增加老师与她个别交流的机会，逐步消除她与老师的距离感，让她愿意向老师表述自己的想法。然后在集体活动中，老师给予适当的机会，点名请她回答一些简单的问题，帮助她慢慢地树立在集体前回答问题的自信心，让她觉得：站起来回答问题并不是一件非常困难的事情，我也能做好。

3. 及时发现她的变化，提供成长的契机

自信心的树立不是一朝一夕的事情，它是一个长期积累的过程，需要老师持续不断地给予关注和支持。萱萱在连续多次的科学活动中逐渐放松了心情，能轻松地参与集体活动。在面对老师提问时，从一开始沉默到小声回答，再到主动举手回答，这说来轻松的过程，其实全都是在每一次活动细微观察的基础上，在有针对性的支持策略实施的基础上，才有了萱萱如今的变化，这些变化使她比以前更加开朗、更加自信。

我们在带班的过程中肯定会遇到类似于萱萱的孩子，他们的沉默寡言，他们的自律，会让老师和同伴轻易地忽略他们的存在，但是这些孩子却是最敏感、最渴望得到大家认可的，长时间的忽略很容易使他们丧失自信，甚至产生自卑心理。但是，只要我们老师理解并接纳他们的个体差异，给予相应的支持性策略，给予足够的关注和机会，他们就一定会绽放出属于自己的光彩。

“天天”活动记

周 悦

“尊重幼儿发展的个体差异，理解幼儿的学习方式和特点”是实施《3～6岁儿童学习与发展指南》所必须遵守的基本原则。在“做中学”活动中，怎样才能关注到幼儿的个体差异，教师如何才能根据幼儿的差异给予有效的支持，以促进幼儿不同程度地获得最大限度的提高呢？在“做中学”活动课题研究中，我们开展了长期的个案跟踪观察，通过观察让我们真切地感受到：在探索活动中，针对幼儿所表现出来的个体差异，教师的支持行为显得更有价值。

现对 “天天”这个大班幼儿在“做中学”活动中的案例进行分析和思考。

【案例描述】

这是一节关于“固体分类”的科学活动，提供的材料有方形海绵块、骰子、方形宝高玩具、酒瓶软木塞、长条形积木、回形针、毛根、塑料勺子、透明有机玻璃圆柱、乒乓球、钢球、充气刺球。老师提出两个小朋友为一组，将这些材料进行分类，然后做上标记，表明分类的结果。天天小朋友刚开始时并没有分类，而是挨个地抓起这个摸摸、放下，又拿起那个捏捏、掂掂。他嘴里叽里咕噜，但听不清楚在说什么。这时老师来巡视了，他的合作伙伴说：“老师来了，赶紧分！”天天迅速地将海绵、骰子、方形宝高玩具放在了一起；把软木塞、长条形积木、回形针、毛根、塑料勺子、透明有机玻璃圆柱堆在一块儿；接着将乒乓球、钢球放一起。当他做完这些时，他的同伴一直在一旁观看，并没参与到操作中。当剩下最后一个刺球时，天天拿起来捏了捏又看了看，微微皱起了眉头，迟疑地问同伴：“这个放在哪里啊？”同伴立刻回答：“它是圆的呀！放那！”说着用手指着乒乓球和钢球的那一堆。天天并没有立即“行动”，一脸疑惑，嘴里还轻声地嘀咕：“可是它不是圆的啊！它没气了，都扁啦！”同伴也陷入了沉思……正在这时，老师说：“大家分好了吗？别忘了要给自己的分类画上标记哦！”听到老师的话后，天天迅速地将手中的刺球放在球类那一堆，然后又看了看，显然有些茫然，也并没有要做标记的意思。于是，一直在旁边观看的我对他说：“你们是怎样分的呢？”天天指了指盘子里的东西：“这些是正方形的，这些是长方形的，这些是圆形的。”“那你怎样让别人一看就能看出你是按照什么来分类的呢？”我刚说完，他好像突然想起了要做标记的事，于是拿起笔分别画了三个形状标记，画好后还做了一个胜利的手势。

【行为分析】

1. 活动中的参与度

在此活动中，操作要求是两两结伴的合作方式。需要特别说明的是：天天是我们的长期观察对象，我们对他的个性特点有所了解，故在这节科学活动中将天天与一名比他能力弱而又不爱发表意见的幼儿放在一组进行合作。操作时，天天并没有和他的同伴商量就把物体一一摆放、分类，他的同伴也没有发表意见和提出异议。在分类过程中可以看出天天一直处于主导地位，这种情况其实在他以往的活动表现中并不多见。只要是结伴合作，都是他顺从于同伴，即使有些不同的想法也是小声说说，根本谈不上辩驳，也未见行动。经过观察可见，这次的合作伙伴在个性上也是缺乏自信、比较顺从的。在这样的环境下，天天积极地投入到操作中，就表现出略微“强势”和主导的地位了。

2. 解决问题的能力

关于瘪了气的刺球要不要放在圆形的物体一类，天天与同伴的看法不同，他认为刺球本身是圆的，但现在的状态是瘪的，就不是圆形了，而乒乓球和钢球是圆的，所以不能放在一类。由此可见，他还是有自己的想法的，但没有坚持的原因是最后的时间急促而这个球又实在没有地方可放，最后只是不得已放在了圆形的一类中。他有一定的独立思考的能力，只是在遇到困难和分歧时，稍有迟疑，内心是有些不自信的。

3. 行为的目的性

这个活动非常开放，所提供的物品分类的方式可以有多种，天天拿到材料时并没有急于分类，而是将每样东西都拿起来摸摸、捏捏，感受它们的质地、形状等特征，有了思路后迅速地进行分类。这说明他经过思考，操作有很强的目的性。当他还在思考刺球该不该放在球类中并陷入迷茫时，完全忘记了老师提出的“做标记”这一要求。由于我及时地提问，让他想起还有任务没有完成，最后做好标记，清楚地讲述了他分类的理由。因此，对于目的性偏离的幼儿，老师适时的提醒也是至关重要的。

【教师的支持策略】

一、细心观察，深入了解，发挥幼儿的积极主动性

每一个孩子来自不同的家庭环境，他们形成的个性也截然不同，有的活泼开朗，有的内向文静，有的善于表达，有的沉默寡言……观察是一切教学研究最基本的手段，教师通过有目的、有意识的观察，可以获得大量具体、真实的信息。要关注幼儿的个体差异就需要老师细心观察，全面了解幼儿的个性。如案例分析中所述，我们在观察对象的前几次活动中发现他的个性是比较容易顺从，不太敢于发表自己的见解，听的多，说的少，稍缺乏自信和独立性。那么，这时采取“故意搭配”的方法，让其凸显自己独立的一面，成为“领头”的一方，更加有利于发挥他的积极性和主动性。

二、凸显优势，淡化弱势，给予幼儿充分表达的机会

我们应该努力进入孩子的内心世界，了解他们的需求，发现他们的闪光点，通过循序渐进的教育，帮助他们树立信心。我发现，当幼儿找到他所擅长和感兴趣的领域时，他将乐于探索，并逐步建立良好的自我感觉，成功的体验会让他有信心迎接另一个难度更大的领域。但幼儿的优势和弱势并不一定是显性的，我们更应关注幼儿活动中的表现，准确分析幼儿行为，并科学地认定幼儿的优势与弱势，同时要分析造成弱势的原因。如在刚才案例中提到的，天天是有独立思考能力的幼儿，他认为瘪了气的刺球不能算作圆形，只是后来迫于时间关系，勉强给予了既圆又扁的球一个“归属地”，这才有了最后的分类结果。如在此时，老师能及时发现他的行为，给他多留一些时间思考，让他在集体面前说说自己的想法：“这个瘪的刺球到底应该放哪儿呢？”通过他在集体面前的阐述，让他坚持自己的想法，弱化不自信的性格弱势，使他在下次的活动中更加自信。只有真正了解分析幼儿，才能寻求到突破口，让幼儿的优势带动弱势，最终促进全面和谐的发展。

三、适时介入，顺势引导，把行为偏离的幼儿及时“拉回”

科学活动中，针对个别幼儿，教师应给予特别的关注，深入、有效地参与。互动过程中教师自始至终都是一个观察者、聆听者，能及时发现幼儿的兴趣、需要以及活动中产生的问题或遇到的困难，适时地给予支持和帮助。善于发现，成为幼儿自主探索的引导者，启发教师深入、有效地参与、引导与幼儿的互动，并在互动中及时发现幼儿的需要和困惑，教师可在适当的时机适度加以隐性指导。隐性指导也就是罗杰斯的“非指导”，是一种较高形式的指导手段。当幼儿的行为发生偏离时教师应及时介入。如上述案例中，天天在活动的前半部分，操作带有很强的目的性，

能记住教师的要求，有计划、有步骤地与同伴进行实验，但活动的最后，因为遇到刺球放在哪里的困惑后，他就忘记了还有做标记的任务。我的间接性提示帮他想起要给分好的三类物体画特征标记，最后他才顺利地完成了实验操作。天天做了一个胜利的手势，可见他从中体验到了成功后的喜悦。

因此，我们在个别化指导中支持幼儿主动学习的策略非常广泛，它还需要教师根据不同的活动类型、活动中不同幼儿的实际情况，机智灵活地采取多种手段和策略，才能真正实现激发幼儿主动学习的热情并保持到活动结束。这需要教师不仅仅关注自己的教学，更要关注幼儿，了解他们在“做中学”科学活动中所表现出的个体经验、发展水平、能力倾向、学习方式等方面的差异，并针对不同的情况给予适宜而有效的引领，为每位幼儿提供积极的支持和帮助，努力使他们都能获得满足和成功，以真正实现主动学习的目标。

想说、敢说和会说的故事

胡　敏

一滴水就是一片海洋，一个孩子就是一个世界。作为一线幼教工作者，我时常能切身地感受到孩子与孩子的不同。他们有的活泼，有的内向；有的擅长表达，有的擅长绘画；有的各方面发展比较均衡，有的某些方面明显滞后。就像世界上没有完全相同的两片叶子，世界上同样没有完全相同的两个人，每个孩子都有自己独特的个性发展水平。在“做中学”科学活动中也是如此，幼儿都有自己的感受、体验和发现，但每个幼儿表达的愿望和潜力却是不同的。教师应该如何根据幼儿语言表达的差异，进行有针对性的支持和帮助呢？本文实录了科学探究活动中的幼儿行为，并进行了反思和分析。

★镜头一

大班科学活动“滚动和堆积”，导入环节中教师组织幼儿说说自己对滚动和堆积的理解。恒一直在倾听，偶尔不太自信地举了一次手，没有被邀请答问就很快就放了下来。之后的操作环节，教师三次与恒和合作伙伴进行交流，并帮助他们明确分类的要求，对他们操作的结果进行简单提问、分析：“既能滚动又能堆积的物体应该放在哪里呢？”恒表达了自己的想法。在最后的集体交流环节中，恒主动、积极举手，开始教师没有邀请他答问，但恒一直在认真倾听同伴的回答，并坚持举手答问，教师把最后一次发言机会给了恒。

【案例分析】

以上实例可以看到一个有些腼腆、内心又充满想法的可爱男孩形象，活动自始至终都专注、积极地参与。在与同伴的操作环节中，由于没有完全领会分类操作的意图，以致在分类过程中产生疑惑。这时，教师及时的提示帮助他走出困境，使其豁然开朗。大部分幼儿在科学探究中有了发现，常常乐于向同伴表达，让同伴知道他的发现。但恒恰恰是一位相对腼腆、缺少些自信的孩子，从案例开始就不难看出。教师在与恒个别交流的过程中，除了及时答疑解惑，也在无形中悄然拉近和恒的距离，共同明确了滚动和堆积分类的标准，助推了恒在集体交流活动中发言的自信和勇气。

★镜头二

场景一：大班科学活动“我们知道的固体”

恒和大卫自由组成小组操作。大卫性格开朗，语言表达能力很强，也相对要强。操作时，材料是大卫在摆放，大卫也最先表述自己的发现。整个活动中几乎听不到恒的声音。

场景二：大班科学活动“比比哪个硬”

鉴于上次的活动情况，教师提示恒可以找不同的朋友组合做实验。这次，和恒搭档的是菲，一个文静的女孩。和女孩在一起，恒明显有了男子汉的气概，和菲有商有量，共同操作完成了实验。在实验过程中，恒主动和菲交流，说出自己的发现。

【案例分析】

合作同伴之间也要建立相互理解、和谐的关系。幼儿之间要想达成共识，就应建立起彼此之间能够相互协作的关系。恒和两个性格迥然不同的合作伙伴在一起的状态判若两人：前者由于过于强势，恒处于隐性状态，很失落；后者性格和恒相似，恒反而有积极表现的愿望，在实验操作中有主体性的表现。

通过这个案例，我们看到幼儿在与不同的合作伙伴在一起，呈现的状态是完全不一样的。一个需要鼓励的幼儿更适宜和性格相近的同伴在一起，才能各自彰显能力。反之，两个性格反差大的幼儿在一起，一方必然主动、要强。教师的支持策略是：在尊重幼儿选择同伴的同时，尽量让性格相似的幼儿组合在一起，用欣赏的眼光看待每一个孩子，使他们得到最大程度的发展。

★镜头三

大班科学“液体知多少”活动中，恒实验的是油和胶水。在滴液滴时，恒一直在自言自语“油怎么这么大”“胶水好难弄啊”。在集体交流环节中，恒表达了自己的发现：“胶水和勺子一起走。”多么生动的发现啊！但恒很难用自己现有的表达能力表述清楚。

【案例分析】

其实，教师能理解恒表述的意图，但怎样让其他幼儿也能准确理解同伴的发现呢？教师的支持策略：

1. 耐心等待：如果时间允许，大家又有兴趣倾听下去，不妨在交流中让其他幼儿进行完整的表述，从中学会连贯、有序、准确地讲述。

2. 及时追问：胶水和勺子为什么会一起走？让其他幼儿把胶水特有的黏性进行完善和补充。

3. 开放性提问：你在玩胶水时有什么发现？给幼儿充分表达的空间和思路。

反思与讨论

《幼儿园教育指导纲要（试行）》中强调："幼儿的语言能力是在运用的过程中发展起来的，发展幼儿语言的关键是创设一个能使他们想说、敢说、喜欢说、有机会说并能得到积极应答的环境。"

一、在观察过程中引导幼儿"想说"

在集体活动中，教师不仅是知识的传递者，更肩负着细心的观察者、耐心的倾听者等角色。教师要善于捕捉幼儿在活动中的心理动态，通过言语、距离促进幼儿表达的愿望。教师的支持策略是：一个眼神、一句鼓励、一次走近、几句交流，帮助幼儿大胆说出自己的想法，使幼儿真正融入科学探究的氛围和环境中。

教师在活动中，应根据每个孩子不同的发展水平，有目的、有计划地进行全系统的观察，用欣赏的眼光看待每一个孩子，使他们得到最大程度的发展。根据幼儿好奇的心理特点，帮助引导幼儿仔细观察事物。当幼儿有了新奇的发现，心中自然会有很多话"想说"。

二、在交流过程中激励幼儿"敢说"

交流是幼儿发表个人见解的最好途径，在科学活动过程中，教师经常会组织幼儿进行交流、讨论，让幼儿自主交谈、表达自己的见解和看法。但是幼儿的语言发展存在着差异性，表现在：有的幼儿不愿发言，有的胆小害羞想说不敢说，有的不敢大方地面对集体发言或者紧张、讲述不完整等等。教师要努力改变这种现象，争取"百家争鸣"。通过创设自由、宽松的语言交流环境，使幼儿在交流时"敢说"，从而进一步提高幼儿的口语表达能力。

在科学活动中，幼儿要学会将观察、操作和表达有机整合。幼儿主动尝试操作尤其重要，每一个操作活动，教师提出要求，请幼儿边操作边动脑筋：面对一个未知的答案，我应该怎样寻找途径解答，先做什么，后做什么，然后发生了怎样的变化，我又通过怎样的努力，尝试了哪些方法，运用了哪些材料，又有什么现象出现……幼儿表达的过程一方面反映了其操作步骤，另一方面也反映其思维运动过程。

三、在表述过程中培养幼儿“会说”

儿童语言的习得不是本能的、自然的过程，而是儿童认知能力和环境共同作用的结果。因此，在科学活动中，通过幼儿动手操作、亲身体验丰富阅历后，组织引导幼儿把自己操作的试验或亲身体验用语言表述出来和大家一起分享。在表述过程中引导幼儿把话讲清楚、讲完整，讲得生动、贴切。

首先，要加强幼儿语言的逻辑规范性。科学活动中的语言表达，讲究的是科学、严谨、准确、规范、简练。而幼儿在描述探索过程时最容易出现的就是这个问题，教师就要注意倾听，及时地纠正幼儿不规范、缺乏科学性的语言，并把幼儿的描述用精练的语言加以概括、完善。长此以往，幼儿就会注意自己在科学活动中语言的规范性和逻辑性。

其次，关注幼儿良好倾听习惯的培养。科学活动中教师会在幼儿操作前提一些要求，便于幼儿有目的的操作。但是我们发现有的幼儿在操作中没有按照老师的要求去做，究其原因就是没有认真倾听。良好倾听习惯的养成能帮助幼儿掌握学习内容，更好地互动交流。教师在提操作要求时，尽量条理清楚，用简短、概括、明确的语言，便于幼儿倾听、理解和掌握。

教师要利用幼儿的探究天性和语言发展关键期，将幼儿的科学探究天性与幼儿语言智能进行有机整合，使幼儿在探究过程中逐步丰富语言经验、发展思维逻辑性和语言表达交流能力，成为自身语言的主动建构者，让幼儿想说、敢说、喜欢说、会说、善说。

支持的故事，从观察开始

赵晓丽

“支持”一词不仅指向教师的教学指导方式，同时对师幼的角色定位再一次进行了强调：幼儿是学习活动中的主人，而教师只是提供辅助支持的帮助者。“做中学”科学教育活动是以幼儿为主体的探究活动，在开放自主的学习中教师应该从何做起才能真正做到“支持”幼儿的学习呢？

一、看

镜头回放：一个安静的女孩

丫丫是个漂亮的姑娘，两个忽闪忽闪的大眼睛始终都是笑眯眯的。当活动开始时，她静静地坐在椅子上，听着老师提出的问题，脸上没有什么表情。旁边的小伙伴都急不可耐地开始回答老师的问题了，她还是安静地听着，时而看看同伴时而看看老师，听到有趣的答案，她就嫣然一笑，笑容里充满天真。老师的目光落在她的脸上，似乎有所期望，但是她还在安静地听着，没有想表达的愿望。老师对她微微一笑，目光走开了。随着课堂气氛越来越热烈，丫丫开始举起自己的小手。老师很快就请她发言，她慢慢站起身，不紧不慢地说出自己的答案，然后淡定而安静地又坐了回去。

【分析和启示】

观察是教师了解幼儿的必经之路。丫丫是个安静的女孩，没有强烈的表达愿望。单单从外在行为去判断，似乎参与活动的积极性并不高，但是如果你仔细观察，整个活动中她一直以自己与世无争的方式参与其中，能够专注倾听，心中有自己的想法。这样的幼儿在活动中由于表现平平，成为教师容易忽略的一个群体。值得高兴的是，教师在活动中能够细致地观察到丫丫的外部表现，理解幼儿这种参与活动的方式。老师的一个微笑、一个注视表现出对她行为的理解和等待，同时教师也在敏锐地捕捉机会，一旦内向的丫丫有表达的愿望，老师就及时地给予她在集体中发言的机会，让默不作声的她得到了鼓励和肯定。

观察让教师从关注活动本身转变为关注幼儿，教师通过观察幼儿不同的学习方式、不同的表达方式，了解幼儿的内在需求和个体差异。观察为教师采取的支持策略提供了坚实的基础，使教师的支持更加有的放矢。如果缺乏观察的基础，教师的支持都是来自教师的主观意愿而并非来自幼儿自身的需求，这样的支持就会显得苍白无效。

学会对幼儿察言观色，学会真实而有效的观察，才刚刚迈开支持的第一步！

二、听

镜头回放：一个无辜的眼神

这是一个认识物体特征的活动，小朋友对多种不同软硬、不同色彩、不同材质、不同形状的物体，按照自己的标准进行分类并用标记记录。陶陶显然很感兴趣，不停地玩弄，一会儿拿起软木塞摸摸捏捏，一会儿用柔软的颗粒球在脸上蹭蹭。玩了一会儿，他拿起笔想做标记，但是很犹豫，左顾右盼后画了一个大圈，然后把颗粒球和另一个圆球画了进去。这时老师走来，看了一眼他的记录，很善意地帮他把纸翻了过来，轻言细语地说："不是这么画的！要把相同的物体放在一起，再用笔圈起来，在圈外做个标记。"无论老师的言语是多么的温柔，陶陶好不容易做出的记录在几秒钟之内就被压在记录单的反面。陶陶有些愣住了，无辜地看着老师。

【分析和启示】

观察让教师的目光聚焦在幼儿的身上，但是单从表面"看"还无法真正触摸到幼儿的思想。陶陶在活动中能够按照自己的标准对物体分类，但是在记录时遇到了困难。他把同一类物体画在一个圈里，这样的记录方式和活动要求的确存在差异。老师很敏锐地观察到幼儿的问题，直接将正确的记录方法告知了他。教师看似善意的指导行为，是迫于让幼儿得到正确的记录结果，完全忽略幼儿对问题的理解。教师并没有真正知晓幼儿需要什么样的帮助和指导，只是将自己认为的正确记录方式教给了幼儿，而将幼儿辛辛苦苦做出的记录直接给予了否定。教学行为显示出的是以教师为中心，以活动要求为中心，幼儿在这次师幼互动中处于被动接受的角色。

教师必须要学会倾听和理解才能深入解读幼儿的内心世界。面对幼儿记录中的各种"错误"，教师不能急着做出主观的断定，应该蹲下身用平等的对话来了解幼儿的想法，探寻和思考幼儿各种行为背后存在的问题和困难。发现幼儿发展中的关键问题，才能够知道幼儿真正需要的支持和帮助是什么，从而采取积极有效的支持策略。

倾听和理解体现出教师对幼儿思维的尊重，对幼儿发展中出现问题的尊重，教师只有学会“言听计从”，才能真正让幼儿成为活动的主人！

三、问

镜头回放：一个灿烂的笑脸

在“水杯哈哈镜”的活动中，孩子们透过装水的圆形水杯看到了许多新奇的影像。“老师，我看到你都变成这样了！”小贝开心地笑着。“啥样子？”老师一脸疑惑。“这样子……”小贝放下水杯，两只手比画着。老师学着他的手势，说：“是这样的吗？这是变……”“哈哈哈，对的，老师你是个大胖子了。”“你觉得我变胖了？你杯子怎么看就把我变成胖子了？”“这样放……”小贝忙着比画。“横着放吗？”老师也做了个相同的手势。“不是，要竖着放。”“那我就……”“竖着放你就变成个大胖子！”“真的吗？让我来看看你！”老师拿过水杯，小贝灿烂地笑着，一本正经地站好，像模像样地做起了模特。

【分析和启示】

小贝在活动中是个积极的参与者，他很愿意将自己的发现和老师进行交流。但是由于表达能力有限，小贝更加喜欢用手势、动作和简单的词语来表达自己的想法。教师有意识地感受到了这一点，没有越俎代庖，代替幼儿去总结讲述，而是扮演了一个无知者，不停地用问题引导幼儿用正确的语言来表述。活动中教师看似随意的对话，其实是一种支持性的引导，在对话中幼儿学会了用正确的词语讲述自己的发现。师幼之间的沟通流畅自如，幼儿十分开心。

俗话说“退一步海阔天空”，案例中的教师很好地演绎了“退”的技巧。教师面对幼儿不再是冲锋在前的领跑者，而是成为比幼儿还要无知的好奇者。教师用反问的应答方式，引导幼儿学会用正确的词语来讲述自己的发现。在教师和幼儿的对话中，教师用问题引导幼儿去关注水杯摆放的位置和物体影像之间的关系，让幼儿逐渐从片段或者肢体语言，学会连贯地表达自己观察到的现象。师幼互动中，应答是非常显性的一种支持方式，教师和幼儿能够面对面地进行沟通和讨论，教师的追问可以激发幼儿的思考，在思辨中推动幼儿的认识发展。

学会正确的应答，学会隐退在幼儿身后用应答来推进幼儿思考，这是实现有效支持的重要手段！

四、赞

镜头回放：一只举起的小手

大宝是班级中的小弟弟，胆怯、不爱说话。今天玩“滚动和堆积”的游戏，他很开心。虽然游戏中常常依赖同伴进行物体分类，但是游戏宽松的氛围让他也时不时地动手操作，有时还和同伴争执一下自己的观点。可是，面对记录单，他又回到不知所措的状态了，拿着记录笔迟迟不动。老师走了过来："大宝，你准备怎么做标记啊？""老师，我不会。"口气中充满依赖。老师蹲下来："你为什么把这些放在一起？""它们都能滚，可是我不会画'滚'。"老师笑了："你看到它们滚起来是什么样子的？"大宝松了一口气，挥动小手："就是这样的……这个球，就这样轱辘轱辘滚了好远！""你观察得真仔细！连它们滚动的样子都记住了啊！那你就把刚才学的样子画下来，不就是'滚'的意思了吗？"大宝的眼睛一亮，拿起了笔。老师没有离开，肯定地说："对的！就像刚才那样画。"大宝小心地用笔，绕起了圈圈。老师故作玄虚："真能干呢！看你记得多好，一看就明白是'滚'的意思呢！等下把你的记录拿上来给大家介绍一下好吗？"大宝笑了，点点头。集体交流时，老师用期望的眼神笑眯眯地看着大宝。大宝鼓足勇气，跃跃欲试地举起了小手。

【分析和启示】

教师的赞赏和激励对幼儿来说就是一双无形的大手帮助他们建立信心，推动他们积极发展。大宝是个缺乏自信心的孩子，对于很多事情他有自己的想法却不敢动手去做，这时教师的鼓励和支持就显得尤为重要。活动中，教师关注到幼儿的需要并及时进行帮助，引导幼儿用动作表现"滚"的状态，再学习用笔记录滚动轨迹。师幼互动中教师的肯定和表扬，使得大宝最终能够大胆动手尝试记录，自信地举起了小手。

激励性评价对于幼儿来说是非常重要的。教师以赞扬鼓励为主的肯定式评价能够帮助幼儿建立自信，帮助幼儿按照自己的认识进行积极的探索和尝试，使评价起到正面强化的效果。案例中的教师善于观察发现幼儿的闪光之处，用准确、恰当的语言引导幼儿进行大胆记录，并对幼儿进行表扬激励，促使幼儿积极主动地学习和发展。

学会赞扬和鼓励，用激励性评价鼓起幼儿学习的兴趣和自信，才能让幼儿在大胆尝试中不断收获、不断进步！

"支持"这个简单词语背后蕴含的是教育理念的更新。它在强调幼儿是学习主体的同时引发了教师重新审视师幼之间的关系，重新去思考教师的教学行为。从教育理念到教育行动，中间有着很长的路要走，但是我们只要学会观察、学会理解、学会发现幼儿行为的闪光点，我们就能够一步步走进幼儿的世界，就能够尽我们所能去"支持"幼儿的发展！

有趣磁铁的故事

赵晓丽

开展“做中学”探究式科学教育活动已有若干年头，“做中学”活动的魅力逐渐展现在我们的面前。它牢牢捕获了幼儿的芳心，因为“做中学”活动是以幼儿为主角的课堂，在这里幼儿可以按照自己的想法进行探究，建构属于自己的知识经验。而老师呢，似乎对“做中学”活动怀揣着“想说爱你不容易”的情结。因为在“做中学”活动中，每位幼儿对待问题的态度、解决问题的方法以及对问题的思考都是不同的。若想做到“尊重学生的兴趣和学习特点，根据实际情况，引导学生完成探究的全过程 ”，谈何容易？

我们走进“做中学”科学活动“有趣的磁铁”教学现场，观察幼儿的种种外在行为表现，分析教师是否可以做到“面向每一个儿童，尊重儿童间的差异”“引导幼儿主动探究”。

【情景再现】

◆ 镜头一

教师拿出一块磁铁：“你们知道这是什么吗？”面对并不陌生的磁铁，孩子们异口同声地回答“磁铁”“吸铁石”。“那磁铁是什么样子的？在哪里见过？”这下孩子们可是七嘴八舌，热闹地讲开了。看着幼儿的注意力已经被吸引到活动中来，教师就接着抛出今天要讨论的话题：“盘子里有什么？猜猜磁铁能够吸起它们吗？”这是一个需要思考的问题，有些孩子一马当先地开始讲述自己的认识，有些内向的孩子没有吭声，看看盘子里的材料，望望老师，再听着别人的讲话，似乎在心里思考着什么。

【教师行为观察与分析】

活动的开场自然而顺利。教师思路清晰，言语自然亲切，问题的提出能够结合幼儿的原有经验，调动了幼儿参与活动的积极性。外向的幼儿急切地说着自己的看法，不善言辞的幼儿也表现出了专注的倾听、会心的微笑。在教师提出问题“猜猜磁铁能够吸起它们吗”，不同的幼儿都进行了思考，有些幼儿用语言讲述自己的想法，有些幼儿在专注地听，认真地琢磨材料。这时候，教师对外显的行为很容易察觉，比如大胆发言、积极举手的幼儿是教师最先关注到的，而对没有声音也没有举手动作的幼儿，教师的目光很容易一扫而过。此时，课堂中的声音主要由积极发言的幼儿所发出的。

◆ 镜头二

“磁铁能吸起哪些物体呢？”带着这样的问题，幼儿进入了自由探究的阶段。

幼儿A：他心里似乎明白点什么，一开始就去触碰那些貌似铁质的物品，当他发现钥匙纹丝未动地躺在那里时，他没有停止，而是反复尝试若干次。最后，所有物品都试完了，他依旧没有忘记那把钥匙，回头不停地去吸。他发现钥匙真的无法吸起时，开始抬头张望，然后凑过去问同伴：“你的钥匙能吸起来吗？”

幼儿B：他一脸笑容，开心地无以言表。不过他还是没有忘记活动的要求，一边操作一边把材料进行归类。他起初用磁铁并没有吸起小木夹子，可当他不小心碰到了木头夹子上的铁丝时，夹子被吸起来了。看着木头夹子突然被吸起来，他很开心，手舞足蹈地又去吸其他的物品。单单在自己的盘子里操作还不过瘾，满脸兴奋的他开始把磁铁伸到同伴的盘子里。这时候玩磁铁成了他最开心的事情，直到同伴恼怒，他才恋恋不舍地将手收回。

幼儿C: 她一脸镇定，慢慢转向自己的操作盘。面对盘子里的这些材料，她似乎还想弄明白什么，四处张望，看看同伴们在干什么，然后才开始有些犹豫地操作起来。她慢吞吞地用磁铁去尝试吸起面前的这些材料，然后不声不响地进行了分类。

这时候老师在孩子中间观察着，寻找到分类正确的幼儿，蹲下来交谈了一会儿。起身后，老师又在寻找，看到有不同分类结果的幼儿，去了解他们的想法。这时，有孩子来喊：“老师，我分好了！”老师又走过去看他的操作情况。

【教师行为观察与分析】

面对同样的问题，每一位幼儿的行为方式都是不同的。有些幼儿目的明确，对活动中遇到的问题能够产生思考并尝试解决；有些幼儿开始能够记得活动的要求，但是操作中注意力容易分散，而渐渐脱离了活动的主题；而有些幼儿有些胆小，不敢确定自己的想法，总要踌躇一会儿才能够开始探索。

在此环节，教师的注意力主要在寻找能够完成任务的幼儿，教师也关注到了幼儿不同的分类结果，为后面的交流讨论环节搜集素材。但是，教师的目光更多地集中在探究的结果上，对于活动中幼儿的游离行为、犹豫行为，包括幼儿探究中所遇到的问题，察觉较少。

◆ 镜头三

活动进入交流和讨论环节："哪些材料能够被磁铁吸住？"有些幼儿高高举起手，有些幼儿还在自己的盘子里摆弄着。老师请了一位积极举手的幼儿，他很开心地开始讲述。有些幼儿在听，关注自己的分类结果和他的是否一样；有的幼儿高举小手急着发表不同意见；有些幼儿还在不停摆弄面前的操作材料，没有关心同伴在说些什么；有些幼儿懒洋洋地歪在椅子上，眼睛四处张望，思维似乎已经走远。

"还有谁分得和他不一样？请你来说一说。"这时刚刚急着举手发言的那位幼儿站到前面……发言的幼儿在发言，想听的幼儿在听，不想听的幼儿已经开始心猿意马，似乎活动已经没他什么事情了。

【教师行为观察与分析】

能够很明显地感受到，性格外向的幼儿，爱说、敢说，在活动中会积极表达；而性格内向的幼儿，他的外显行为更多是倾听、目光跟随老师，表现出对问题的思考，在表达方面显得欠缺。另外，交流的组织形式也影响着幼儿参与的积极性。如果总是一人发言大家听，会让很多幼儿失去交流的机会而游离于活动之外。还有，教师提问的方式也是影响幼儿表达的原因之一。如果教师多采用选择性的问话，幼儿只能去选择作答。这样的方式无法调动幼儿阐述自己对问题看法的积极性，幼儿表述内容少自然就不表达了，交流就会显得贫乏。

【反思】

一、"做中学"活动要求教师能够面向全体，关注个体差异

"做中学"是"以学生为中心的、以学生为学习主动者的探究过程，让学生在他们已经实际接触到的环境中，通过探究过程来获得知识"。教师教学必须基于幼儿原有的基础，根据幼儿的实际情况进行有效的支持和引导。

从以上的案例不难看出，活动中教师能够努力观察幼儿的实际情况，但是教师

更多的是对活动结果表现出关注，能够看到活动中行为积极外显的幼儿，对一些默默无闻的孩子欠缺观察和指导。这意味着教师对幼儿的个体差异观察得不够全面。在教学活动中，教师应该面对全体幼儿，无论是活泼的还是安静的，教师都应该关注他们的所想、所做、所为，才能使活动中的指导更加有针对性。否则，教师的“引导”就会脱离幼儿实际的需求，而显得贫乏和无力。教师只有去关注差异、了解差异，才能更好地走进幼儿的世界，触摸到幼儿的思想，与幼儿产生有效的沟通和互动。

二、学会面对差异，让“做中学”活动更加精彩

每位幼儿都是独特的个体，面对活动中幼儿各种不同的探究行为，教师应该采取什么样的教学策略呢？

1. 接纳个体差异的策略——包容和理解

在探究活动中，教师要给幼儿提供足够的时间、空间以及材料，鼓励幼儿亲自去摆弄、尝试，哪怕是失败的操作对幼儿来说都是非常珍贵的经验积累。教师要以宽容和理解的态度面对幼儿的各种探究行为，无论幼儿的行为是正确的还是存在误差的，教师都应该学会蹲下身来倾听幼儿的想法。这样才能够彰显出教师对幼儿个体差异的充分尊重和深度理解，为幼儿营造一个包容的、支持性的探究空间。

2. 探究环节中差异行为的支持策略——关注差异、有求必应

“做中学”活动中每位幼儿表现出的探究能力都是有差异的，而在幼师人数较少的现实中很难实现一对一的教学指导。教师可以将幼儿探究过程中的差异性行为进行简单的归纳，以使教学策略更加具有针对性。例如，对于犹豫型的幼儿，教师要采取鼓励的方法，帮助幼儿肯定自己的想法大胆去探究；对于满足于尝试而缺乏对问题思考的幼儿，可以在其反复操作后和他一起讨论一下“这样做可以吗”“怎么会不行的呢”“哪里出现问题了”，用问题激发幼儿对探究中问题的进一步思考；对于“游走型”的幼儿，教师可以陪伴幼儿共同进入活动，或者为他找一个探究能力较强伙伴，与同伴学习也是一种很好的学习，帮助其重新进入到活动中来。

3. 讨论中个体差异的支持策略——质疑和对话

交流和表达是“做中学”活动中非常重要的内容之一，它是幼儿思维碰撞的园地，而不是教师传授知识的讲坛。教师要给予幼儿充分的表达时间和机会，尤其要关注性格内向的幼儿，让每位幼儿都能将自己在探究中的发现与同伴分享和讨论。

教师要学会扮演求知者的角色，对幼儿探究的内容提出种种疑问，向幼儿请教或者大家一起讨论，表现出对幼儿探究内容的好奇和无知，用问题引导幼儿将探究中的所见、所为、所想充分地说出来。教师还要有与幼儿对话的意识，改变居高临

下的教学姿态，以陪伴者的身份与幼儿进行沟通，学会用更加开放的问题来引导幼儿将探究中的所见、所为、所想充分地说出来。教师只有理解幼儿不同的见解，才能抓住主要问题引发讨论，在反复争辩中加深幼儿对问题的思考和认识。

4. 学会欣赏和赞扬，让每位幼儿迈开脚步前行

“做中学”科学探究活动给每位幼儿都创造了一个亲历发现的过程，在这个过程中有些幼儿收获的是成功的喜悦，有些幼儿经历的是失败的教训。但无论是喜还是忧，都为幼儿的成长积淀了丰富的经验。教师要在活动中关注每位幼儿，为他们的成功喝彩，为他们的努力加油，为他们的失败分忧。教师要看到幼儿不同行为背后的闪光点，给予肯定和支持，学会欣赏和赞扬，才能让每一位幼儿迈开自己蹒跚的脚步一步步前行。

关注个体差异，让教师学会观察幼儿、理解幼儿；关注个体差异，让教师学会更加有效地支持幼儿、帮助幼儿。勇敢地直面幼儿的差异性行为，准备好支持性的教学策略，教师才能真正成为幼儿学习活动的“支持者、合作者和引导者”，“做中学”活动才能越“做”越精彩！

油桶的故事

——呼应幼儿我们需要做什么？

吴 岚

一、问题的提出

今年4月，幼儿园买来了7个油桶安置在操场边的一块草地上，作为幼儿锻炼的游戏器材。由于油桶色彩鲜艳，经常有小朋友们集聚在那里，爬的爬、骑的骑，还有的幼儿利用大油桶玩躲猫猫的游戏。一天，小朋友们突然发现油桶变热了，为此引发了他们一连串的讨论。在观察他们围绕“油桶变热”这一话题的讨论中，我发现这是一个非常值得研究的问题，那就是：在幼儿追随自己的兴趣进行自由的观察与探索中，教师该如何恰当地呼应才能让幼儿获得有益学习的经验？

二、故事的发展

片段一：“老师，大油桶不能玩了！”

5月13日，晨间锻炼的时间到了，中四班的小朋友们来到了草地上开始自由地活动。有的玩跷跷板，有的玩滑梯，有的玩攀登架，还有的在跨越大油桶。玩着玩着，就发现原来人气最旺的大油桶今天被冷落了，玩它们的小朋友明显减少。正在疑惑之际，张益铭跑过来对我说：“吴老师，吴老师，油桶不能玩了！”“啊？这是为什么呢？”我好奇地问。“因为大油桶太烫了，我的屁股快要冒！火！了！”“是吗？”看我半信半疑的样子，他拉着我往油桶边走：“不信，你去摸摸！”我随手摸向黄色的油桶：“还好啊，只是有些热。”“不是，你要摸黑色的！”当我摸向黑色油桶的一刹那，我知道为什么张益铭说大油桶不能玩了，因为黑色的油桶确实很烫！

这时又有几个孩子跑来参与我们的话题，“老师，我早就发现大油桶变热了！”“告诉你吧，是黑色的油桶最烫！”“对，我发现只有白色不烫！”听了同伴的谈论，有些幼儿又开始自发地摸起了大油桶来。

我的想法：

看着孩子们自发探究的认真劲，我突然意识到遇上了他们的“寻常时刻”！于是我克制住内心的喜悦，脑子不自觉地飞速运转：是否应该引导他们讨论怎样证明黑色油桶的温度最高？还是引导他们发现无论什么材质只要是深色就容易吸热，或是……可转念一想，幼儿才刚刚开始这个话题，过早的介入是否会干预他们的探索？于是，我就克制住立即“引导”幼儿的冲动，耐心地观察起幼儿。

片段二：“颜色越深的油桶越烫！”

为了继续观察孩子们对油桶自发的探索，第二天晨间锻炼时我又来到了油桶的旁边。我发现昨天关注油桶的那些孩子依然在玩油桶，有的还拉下衣袖垫在自己的手下翻越黑油桶。我忍不住问：“恒恒，你的手为什么要藏在袖子里？”“油桶太烫了！这样我就不烫了！”“真是个好办法！是每个油桶都很烫吗？”听我这么一问，好几个孩子七嘴八舌地说起来：“不是的，是黑色最烫，浅色的油桶有一点点热！”“对，颜色深的就烫，白色的不吸热吧！”“老师，我还有个发现，黑色油桶一边是热的，另一边不热！”我好奇地问：“这是怎么回事？”他边说边用手指着油桶说：“这边，太阳对着它照就热，另一边太阳照不到就不热！”“还有两边也不热呢！”

我的想法：

很显然，因为有了昨天的基础，今天孩子们在观察时就显得更加细致。他们不仅总结出颜色与温度的关系，还发现了太阳照射方向对油桶温度的影响，这点也是我原来不曾想到的。看来，昨天没有急于将孩子们引到对温度的验证与不同材质深色吸热的问题上是对的，孩子们有他们自己关注的话题，成人又何必将自己的想法强加于他们呢？

片段三：我知道的秘密！

经过了3天的观察，我发现越来越多的幼儿开始关注油桶的变化，对油桶的感知也越来越丰富，我觉得是时候开展一次集体的交流，一方面给幼儿相互交流的机会，另一方面了解一下幼儿到底有多少发现，对哪些内容感兴趣，也希望幼儿通过这样的交流能撞击出智慧的火花，让我从中获取可以呼应他们的内容与方向。

师："你们在玩大油桶的时候都有什么发现？"

恒恒："黑色和蓝色油桶都很烫，因为它们吸光，太阳光是热的。"

康康："黑油桶对着太阳的地方就热，朝阴的地方就不热。"

小亮："我知道油桶它是铁做的容易发烫，里面没有油，所以更容易热。如果有油就不容易烫了。跷跷板的扶手和下面都是铁的，所以也很烫。"

凯凯："颜色不同就不一样，颜色越深越吸太阳光。"

大卫："那轮胎也是黑色的呀，可是它就没有黑油桶热。"

康康："那是因为它是橡胶做的，又不是铁的。"

丫丫："对呀，铁才会热。我玩的平衡木就是凉的，它是木头的！"

豆豆："老师，为什么黑色的油桶会最烫呢？"

师："是呀，我也觉得奇怪哦！为什么黑色的油桶会很烫呢？"

丫丫："因为黑色的油桶离太阳最近。"

康康："可是，蓝色的油桶也很烫啊！我告诉你，是因为深色的东西吸热。我家汽车是黑色的也是铁做的，在太阳下面就会很热很热！"

凯凯："太阳的颜色就是很红很深的，所以深色就吸热。"

小亮："白色油桶里面可能生锈了，生锈了太阳光就晒不进去了。"

师："你们有这么多的发现，能不能把它记录下来呢？"

我的想法：

真没想到在短短的几天时间里，孩子们已经积累了这么多丰富的经验。他们在交流的过程中不仅表达了自己的发现，还能提出自己的疑惑及对问题的看法，看来提供同伴间相互学习的机会是适宜的。在记录表征方面，他们的表现也出人意料，有的运用数字，有的运用长短曲线，还有的运用红蓝两色创意地表达着自己对温度的感知。而所有的这一切，都让我强烈地感受到：幼儿作为独立的个体，他们有能力通过自己的观察、操作与探索，去发现、感知周围世界的秘密，教师切“不能将幼儿看作是有待装东西的空容器”，把自己的意愿、观点强加给儿童。当我们与幼儿的“寻常时刻”不期而遇时，我们和幼儿都需要一些时间来观察、思考与判断。

片段四：蓝色的油桶不烫了！

前几次和大油桶亲密接触都是在上午，他们的那些经验都来自同一个时间段里的发现。甚至有的幼儿认为早上的太阳离黑色油桶最近，所以它才会最烫！我想，也许换个时间段让他们再次观察会有不同的感受。于是，21 日的下午我带孩子们再

黑色油桶热，白色油桶凉，绿色油桶温

油桶和平衡木的温度不一样

太阳照到的地方热，数字表示温度

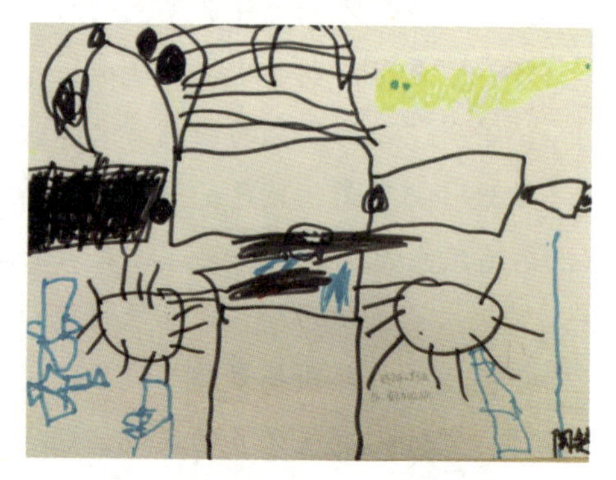

黑色衣服中画了红色的火，
白色衣服中涂蓝色，表示温度不同

次来到了操场上。

晨晨："老师，黑油桶要着火了！比早上的还要烫呢！"

小亮："对呀，中午的太阳最厉害了！"

丫丫："白色的油桶还是不烫呢，只有一点温。"

恒恒："老师，快来呀，蓝色油桶不烫了！"

师："怎么回事？"

康康："蓝色油桶晒不到太阳了，有大树挡着了。"

师："可是上午怎么能晒到太阳的呢？"

恒恒："可能是中午我们睡觉的时候大树往油桶这儿长了一点吧？"

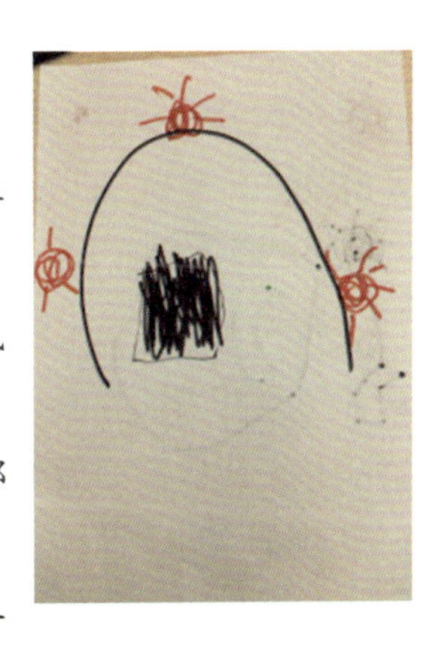

豆豆："树是不会动的，也不可能长这么快啊！"

晨晨："我知道，早晨的太阳是在这个房顶上的，现在到了那个房顶那里，太阳光才被树叶挡住了。"

康康："我爸爸告诉我太阳是从东边升起，中午会在我们头上，下午它从西边下山了。"

师："是吗？现在太阳在哪个方向？早上的太阳是在哪个方向的呢？看来，我们明天早上要看一下太阳的位置！"

师："尹可亲，白色油桶比黑色油桶离太阳更近，为什么它不烫呢？"

丫丫："白色就是不容易吸热的，深色的才会吸热呢！"

师："是吗？白色的东西都不容易吸热，只有深色的东西会吸热吗？"

众幼："对呀！""当然啦！"……

师："下次我们要来试试看！"

我的想法：

换个时间果然有不一样的发现！原先有一些认识误区的幼儿，已经能从观察到的现象中修正了自己的认识误区，同时，又有了新的发现。看来，在构建呼应课程的过程中，教师要拓展思路不要拘泥于常规，或许就能收获不一样的精彩。

片段五：果然黑色的东西最吸热！

经历了上次的发现之后，孩子们开始收集各种材料来验证深色物品最吸热的想法，有的找来了各色的纸袋，有的带来了各色玩具，还有的带来了黑色与白色衣服。经过商量，他们决定在午睡前把这些材料放在油桶旁，下午起床后再去查看结果。最终，通过实验孩子们验证了自己的想法：果然黑色的物品在阳光下是最吸热的！看着孩子们在阳光下因兴奋而涨红的笑脸，我的心也随之而绽放！

三、获得的启示

“油桶的故事”虽然已告一段落，但它却让我难以忘怀。观察、参与孩子们的一次次探究过程，促使我不断反思并调试自己的教育行为，也更让我在这一过程中了解幼儿、欣赏幼儿、努力尝试着呼应幼儿。

1. 呼应幼儿从观察与等待开始

作为教师，我们需要具备在日常生活中捕捉一切可能成为教育契机的能力。但这并不意味着，在我们面对这些契机来临的时候，都要快速地抓住并加以设计呈现给幼儿。我们需要做的应该是静心观察、理智分析，再做呼应。

例如，在“油桶的故事”中，面对突如其来的教育契机，教师固有的观念使得我们有设计课程与引导幼儿的冲动，而随着幼儿的观察探索不断深入，我们发现原来预设的那些内容完全是脱离了幼儿实际的，那只是教师一厢情愿的想法。如果教师仅凭借着幼儿一开始表现出来的片段信息，就妄加判断预设课程，很可能导致幼儿刚刚萌芽的探究热情就被教师设计的枯燥问题所磨灭了。

因此，作为教师应该放慢自己的脚步，给予幼儿一点自己开展活动的时间，仔细观察他们在与环境、材料的互动中获得的经验与体会，理性地分析他们的需求与兴趣，“把他们当成教学过程的合作者”，共同完成课程的设计。

2. 呼应幼儿需要适时退后一步

在以往的教育生涯中，我们常常不自觉地将幼儿看作是需要教育、等待引领的人。我们总试图让他们在设计好的教学活动中获得我们认为有价值的经验，而完全忽略他们作为独立的个体，有能力在与环境的互动中主动探索获得经验。

正如“油桶的故事”中，教师一开始并不相信幼儿的能力，曾试图依靠设计的课程来帮助幼儿获得经验。值得庆幸的是，教师最终没有将自己的想法强加于幼儿，而是给予幼儿充分自由的探索空间，让他们有足够的时间一次次地丰富与调整自己的经验。事实证明，幼儿是有能力的人，他们发现的面更广、点更多，不仅包括了颜色、材质对吸热程度的影响，还包括物体朝向对于温度的影响、太阳的运动轨迹、物体影子的产生等等。

由此可见，我们一定要坚信“幼儿是强大的、有能力的个体”，不要试图用各种框架去影响干预他们，要懂得尊重他们的观点与能力。我想，退后一步也是呼应幼儿的一种方式。

3. 呼应幼儿需要支持合作学习

在幼儿进行知识经验建构的过程中，教师应选择恰当的时机为他们提供一个相互交流、合作学习的机会。“幼儿经常与处于相同‘最近发展区’但水平更高的同伴一起，会学到更多的知识技能”，这是因为他们的语言、理解事物的方式相似，交流时更容易让对方理解与接受。

在“油桶的故事”中，教师让幼儿相互交流自己的发现，这使得幼儿在向同伴传递自己经验的同时，也接受来自同伴的提问与质疑，“在与同伴的争论中逐渐接纳适应或重新组织自己的认知架构，以融入不同的讯息”。由此可见，呼应幼儿的另一种方式就是为他们提供同伴学习的机会。

4. 呼应幼儿需要关注一日细节

在幼儿园的一日生活中，蕴含着取之不尽的教育资源，幼儿的学习随时随地都会发生。我们不能将幼儿的学习仅着眼于集体教学中，也不能只在集体教学中去呼应幼儿，而是要站在更高处，放眼于幼儿生活与游戏的每个环节，在那些看似琐碎与重复的活动中呼应幼儿，诞生出的奇思妙想与精彩发现。

就如同我们每天面对着草地上的大油桶，重复着同样的游戏，可是依然会有各种不同的发现。因此，我们教师需要练就一双善于发现的眼睛、一对善于聆听的耳朵、一个善于思考的大脑，随时捕捉幼儿一闪即逝的思维火花，给予最有力的支持！